D1728517

Sascha Kugler

Das Alchimedus-Prinzip

Sascha Kugler

Das Alchimedus-Prinzip

Die ganzheitliche Unternehmensstrategie

orell füssli Verlag AG

© 2005 Orell Füssli Verlag AG, Zürich
www.ofv.ch
Alle Rechte vorbehalten
Lektorat: Ute Alpers
Grafik/Layout: Reinhard Wagner
Umschlagabbildung: Gettyimages, Image Bank, Gandee Vasan
Umschlaggestaltung: cosmic Werbeagentur, Bern
Druck: fgb – freiburger graphische betriebe, Freiburg i. Brsg.
Printed in Germany
ISBN 3-280-05126-6

Bibliographische Information der Deutschen Bibliothek:

Die Deutsche Bibliothek verzeichnet diese Publikation in der
Deutschen Nationalbibliographie; detaillierte bibliographische
Daten sind im Internet über http://dnb.ddb.de abrufbar.

Inhalt

Für Inge und Dieter = meine Heimat

Für Birgitta = mein Leben

Für Felix und Marie = unsere Zukunft

Vorwort

«Der Anfang von allem ist die Sehnsucht», so heißt es in einem Gedicht der Dichterin Nelly Sachs. In der Sehnsucht ist auch die Suche als Wortteil enthalten. Es geht also wohl um beides: einerseits darum, das zu entdecken, was meine Sehnsucht ist, was mich zieht, was mich aufleben lässt und was mir und meiner Umgebung Energie verleiht, andererseits darum, einen Weg zu suchen, auf dem ich dieser Sehnsucht auch folgen und sie verwirklichen kann.

Die Fragen «Wie komme ich dazu, meine Sehnsucht ernst zu nehmen?», «Wie begebe ich mich auf die Reise?», «Wer kann mich dabei unterstützen?» ergeben sich so fast zwangsläufig. – Der Einladung von Sascha Kugler folgend, ein Vorwort für das Buch «Das Alchimedus-Prinzip» zu verfassen, möchte ich einige Gedanken zu diesen Fragen in den Raum stellen.

Nehmen Sie einmal einen Gummiring zur Hand, und versuchen Sie, aus diesem Gummiring ein Dreieck zu formen, indem Sie mit zwei leicht auseinander gehaltenen Fingern unten eine Basis und mit einem Finger der anderen Hand oben eine Spitze bilden. Aus dem gerade noch laschen Gummiring wird so ein Gebilde, in dem Spannung und Energie zu spüren sind. Die Basis dieses «Gummiring-Dreiecks» steht für Ihren Platz im Leben, die Spitze steht für Ihre Visionen und Sehnsüchte, für das, was Sie zieht. Beide Aspekte sind wichtig, erst beide Aspekte zusammen verleihen dem laschen und energielosen Gummiring eine Spannung und eine Gestalt.

Was und wo ist mein Platz? Wo liegen meine Stärken? Wie erziele ich meine Leistungen? Welchen Werten folge ich? – Die individuelle Beantwortung dieser Fragen wird Ihnen helfen, eine solide Basis zu definieren. Dazu ist es auch wichtig, dass Sie sich bewusst machen, welche Beziehungen und welche selbst gewählten Abhängigkeiten in Ihrem Leben vorhanden und Ihnen wichtig sind – Beziehungen und Abhängigkeiten, die Ihnen einen guten und sicheren Platz ermöglichen, die gleichzeitig aber auch anderes ausschließen. Denn die Entscheidung für etwas impliziert auch immer die Entscheidung gegen etwas.

Was zieht mich? Was fasziniert mich? Was würde ich gern tun, wenn alles möglich wäre? Die individuelle Beantwortung dieser Fragen hilft, die Spitze des symbolischen Gummiring-Dreiecks zu erkennen. Wie von selbst ergibt sich dann eine Spannung – eine Spannung, aus der Energie entsteht, die Leben und zwar gelebtes Leben bedeutet.

Spannung kann für eine Wohlspannung stehen – im Gegensatz zu einem spannungslosen, öden und langweiligen Leben. Spannung kann aber auch für eine Überspannung stehen, für eine Spannung, die unangenehm wird, weil sie mich im wahrsten Sinn des Wortes zu zerreißen droht: Sie kennen alle die Situation, wenn ein Gummiring reißt – das kann ganz schön unangenehm sein und auch richtig weh tun.

Ein Mensch, der sich mit dem Alchimedus-Prinzip anfreundet, wird rasch entdecken, dass er zwei Möglichkeiten hat, die Spannung so zu regulieren, dass sie zur Wohlspannung wird: an der Spitze des Dreiecks (= Vision) oder an der Unterseite des Dreiecks (= Basis, Platz im Leben).

Wagen wir noch ein zweites Experiment: Entfernen wir bei dem in guter Spannung stehenden Dreieck die Spitze. Was passiert? Die Spannung ist augenblicklich weg! Mehr noch: Das Dreieck fällt in sich zusammen, und der Teil, der gerade noch die Spitze des Dreiecks darstellte, klappt unter die Basis hinunter. Ein Leben ohne Visionen ist also nicht nur ein spannungsloses Szenario – es stößt mich sogar von meiner Basis hinunter.

Wenn Sie dagegen bei dem in guter Spannung stehenden Dreieck die Basis beseitigen, wird der Gummiring wegfliegen, als wenn ein Feuerwerk abgeschossen wird, das danach sehr rasch verglüht. Ein Leben ohne Basis, nur mit Visionen, ist also wie ein Feuerwerk, das rasch abbrennt, ohne nachhaltig Wirkung zu zeigen.

Daher ist beides nötig: eine gesunde Basis durch einen festen Platz im Leben und eine Vision. Dieser Erkenntnis folgt das Alchimedus-Prinzip und setzt es mit den drei Säulen Mensch – Werkzeug – Inspiration in allen Bereichen des Lebens um.

Zwei Gedanken noch zum Abschluss:

1. Jeder Mensch ist ein Original: einzigartig, unverwechselbar, nicht kopierbar. Was Sie unverwechselbar macht, Ihre Mission und Ihre Vision, das ist in Ihnen bereits vorhanden. Dies gilt auch für ganze Systeme, z. B. Unternehmen. Es muss also «nur» entdeckt werden. Es entspricht dem, was in anderem Zusammenhang oft als «persönliche Berufung» bezeichnet wird – also der Ruf, der an mich ergeht, dem ich mich nur schwer entziehen kann, dem ich mich aber auch nicht entziehen soll. Dieses Entdecken, dieses Aufdecken kann oft anstrengend und mühsam sein. Aber das Bewusstsein, dass das, was mich ausmacht und was mich zieht, bereits vorhanden ist, und die Aussicht auf ein Ergebnis, das Wohlspannung, Energie und Leben verheißt, mögen uns ermuntern, diese Entdeckungsreise anzugehen.

Wer kann uns dabei unterstützen? Am besten Menschen und Organisationen, die uns helfen, die Basis zu definieren, dazu zu stehen und sie wie das Fundament eines Hauses tragfähig zu machen. Menschen und Organisationen, die uns helfen, unsere Mission, unsere Vision in den Blick zu bekommen.

2. Menschen, die sich dieser Entdeckungsreise stellen, beeinflussen auch das System, in dem sie leben und arbeiten (also das Unternehmen), in höchstem Maße positiv. Denn nicht nur jedes Individuum, sondern auch jedes System hat eine eigene Berufung, und es ist klar, dass die Berufungen der Mitglieder eines Systems die Berufung des Systems an sich speisen.

«Das Alchimedus-Prinzip» ist ein wertvoller Beitrag dazu, sowohl auf der individuellen als auch auf der unternehmerischen Ebene das zu entdecken und zu verwirklichen, was kein anderer besser erfüllen kann als Sie selbst.

In diesem Sinne wünsche ich Ihnen eine spannende (also Wohlspannung erzeugende) Lektüre und viel Freude und Erfolg bei der Umsetzung in Ihrem eigenen Leben.

a. o. Univ.-Prof. Dr. Alexander KAISER,
Wirtschaftsuniversität Wien, Abt. Informationswirtschaft

«Diabolisches Manifest» nach Paulo Coelho[1]

(10 Gebote des Teufels)

Erstens: Gott ist Aufopferung. Lasst uns in diesem Leben leiden, und wir werden im nächsten glücklich sein.

Zweitens: Wer sich amüsiert, ist ein Kind. Lasst uns ständig angespannt sein.

Drittens: Die anderen wissen, was das Beste für uns ist, weil sie mehr Erfahrung haben.

Viertens: Es ist unsere Pflicht, andere glücklich zu machen. Wir müssen ihnen zu Gefallen sein, selbst wenn dies für uns bedeutet, auf wichtige Dinge zu verzichten.

Fünftens: Man sollte nicht aus dem Becher des Glücks trinken, denn man könnte auf den Geschmack kommen; und er ist nicht immer zur Hand.

Sechstens: Man sollte alle Strafen annehmen. Wir sind schuldig.

Siebtens: Angst ist eine Warnung. Wir werden kein Risiko eingehen.

Achtens: Begebt euch früh in Abhängigkeit. Wir dürfen nicht frei sein. Wir können nichts verändern.

Neuntens: Materielle Wünsche tun uns gut, sie helfen uns, dass wir uns keine Gedanken über unser eigentliches Leben machen müssen.

Zehntens: Die Welt als Ganzes ist unwichtig, nur ich bin wichtig. Für die Welt nach uns will ich keine Verantwortung übernehmen..

(Die «Gebote» 8–10 wurden hinzugefügt von Sascha Kugler.)

P. S.: Sollten Sie sich mit diesen Aussagen wohl fühlen und nichts ändern wollen, dann lesen Sie bitte nicht weiter!

---

1 Brasilianischer Songwriter, Journalist, Drehbuchautor und Schriftsteller, * Rio de Janeiro, 1947.

Die Vision des Alchimedus

Der eine wartet, dass die Zeit sich
wandelt – der andere packt sie
kräftig an und handelt.

Dante Alighieri[2]

Ich habe eine Vision. Ich glaube an die menschliche Kraft und die Zukunft – trotz allem. Ich glaube daran, dass wir die Quelle der Erneuerung sind. Wir können eine Welt schaffen, in der wir gern leben. Wir können Unternehmen bauen, die uns heute und morgen Lebensqualität und Wohlstand geben, die nicht zu Lasten, sondern zu Gunsten unserer Gemeinschaft wirken.

Das ist die Vision des Alchimedus. Wenn Sie sich mit dieser alchimedischen Sichtweise auf die Reise begeben, werden Sie Ihre wahren Stärken erkennen, sich verwandeln und Ihren inneren Kern und Ihre Wichtigkeit für die Gemeinschaft erleben.

Was das bedeutet, haben uns viele Menschen im Laufe der Geschichte gezeigt und vorgelebt. Lassen Sie sich von ihnen inspirieren:

Columbus hatte die Vision von der Entdeckung des Seewegs nach Indien: Statt den nahen Weg zu nehmen und Afrika zu erforschen, wollte Columbus lieber aufbrechen, sich ins Unbekannte wagen und den fernen Kontinent entdecken. Die Logik sprach für Afrika, Columbus für Indien. Am 2. August 1492 brach er mit zwei Karavellen und einem etwas größeren Schiff zu seinem wagemutigen Vorhaben auf. Noch im selben Jahr entdeckte er auf seiner Reise Amerika. Die Vision des Columbus änderte die ganze Welt, weil sich der mächtige Energiestrom Europas nach Columbus Entdeckung nicht nach Afrika, sondern nach Amerika lenkte. 1492 wird von vielen deshalb auch als das Jahr des Übergangs vom Mittelalter in die Neuzeit gesehen.

Unter den harten Bedingungen der türkischen Schreckensherrschaft des Patriarchen von Konstantinopel ließ der Freiheitskämpfer Vassil Levski von seiner Vision der Wiederbelebung Bulgariens nicht ab. Er verabscheute Tyrannei und Unmenschlichkeit. In einem unabhängigen Bulgarien wollte er allen Völkern, also Bulgaren, Türken, Juden

---

2   Italienischer Dichter, * Florenz, Mai/Juni 1265; † Ravenna, 14. 9. 1321.

und allen anderen, die gleichen Rechte verleihen. Levski setzte seine Vision in die Tat um. Er reiste durch das ganze Land und warb bei den Menschen für seine Idee eines freien Bulgariens. So bereitete er den Boden für den eigenständigen bulgarischen Staat, der Ende des 19. Jahrhunderts geschaffen wurde.

Der junge Hirte Santiago in Paulo Coelhos Roman «Der Alchimist» folgt seiner Vision. Er weiß, dass für ihn ein Schatz am Fuße der weit entfernten Pyramiden liegt. Die Stärke seines Traumes gibt ihm die Kraft, die ungewisse Expedition zu unternehmen. Auf der Reise setzt er sich für andere ein. So hilft er einem Glaswarenhändler, der kurz vor dem Bankrott steht, geschäftlich wieder auf die Beine zu kommen. Auch wenn er jung und unerfahren ist, mit seiner Eigeninitiative, seinem Gespür und der großen Kraft seiner Ideen und Taten belebt Santiago die Welt des kleinen Unternehmers von neuem. So zeigt er, dass große Visionen genauso im Kleinen und vor allem auch für andere wirken.

Auch in Ihnen steckt ein Columbus – oder entdecken Sie nicht gern Neues? Auch in Ihnen steckt ein Levski – denn leben Sie nicht auch gern in Freiheit? Auch Sie haben etwas von Coelhos Alchimisten, oder haben Sie durch ihre Unterstützung noch nie anderen Menschen neue Energie gegeben?

Vielleicht sind diese Kräfte in den Hintergrund getreten, aber sie sind schon immer in Ihnen angelegt und wollen gefördert werden. Das Alchimedus-Prinzip gibt Ihnen dafür einen Rahmen und unterstützt Sie in Ihrer ganz persönlichen Entwicklung. Lassen Sie mich seine Erklärung mit einem ungewöhnlichen Beispiel beginnen.

Was ist das Alchimedus-Prinzip?

Stellen Sie sich vor, auf dem Jupiter gibt es Energiequellen, die den Fortbestand der Menschheit sichern und Ihnen kommt deshalb die Aufgabe und das Ziel zu, diese Energieressourcen nutzbar zu machen. Um dieses Vorhaben zu erreichen, müssten Sie dann eine Expedition zu dem fernen Planeten unternehmen. Würden Sie sich die Aufgabe zutrauen? Wie würden Sie die Reise organisieren? Was würden Sie alles benötigen?

Drei Bereiche müssten Sie aus alchimedischer Sicht koordinieren. Als erstes bräuchten Sie ein Team aus den unterschiedlichsten Menschen bzw. Fachleuten, dann bräuchten Sie Technik (z.B. Fluggerät) und Fach-Knowhow (z.B. Wissen über Aerodynamik), das sei im Begriff Werkzeug zusammengefasst, und schließlich bräuchten Sie Mut und einen kreativen und visionären Geist, der Ihnen und Ihrem Team die Stärke gibt, auch schwierige Phasen durchzustehen. Diesen Geist nennen wir Inspiration. Das Wichtigste aber wäre, dass alle drei Kräfte, also Menschen, Werkzeuge und Inspirationen erfolgreich und vertrauensvoll zusammenwirken.

Nun nehmen Sie Ihre aktuelle «Lebensreise», also die Ziele und Visionen, die Sie gegenwärtig verfolgen (z.B. wollen Sie eine Familie gründen, einen besseren Job, ein großes Projekt leiten oder was auch immer Ihre Ziele sind). Wenn Sie genau hinsehen, sind es wieder die gleichen drei Kräfte Mensch, Werkzeug und Inspiration, die für ein möglichst gutes Gelingen Ihrer Vorhaben fruchtbringend zusammenwirken müssen. Und ist es nicht so, dass Sie Ihre Visionen und Ziele meist dann nicht erreichen, wenn Menschen, Werkzeuge und Inspirationen kaum oder gar nicht zusammenspielen? Genau dann kommt das Alchimedus-Prinzip zum Tragen.

> Das Alchimedus-Prinzip ist ein ganzheitliches
> Lebens- und Unternehmensführungskonzept. Men-
> schen und Unternehmen lassen sich dadurch wecken
> und revitalisieren. Es ist ein Weg, um Menschen und
> Unternehmen zu ihrer wahren Stärke und Erfolg zu
> führen. Mit seinen ganzheitlichen Methoden sorgt es
> dafür, einen gemeinschaftlichen Geist zu entwickeln,
> neue Wachstumskräfte zu mobilisieren und Ziele dis-
> zipliniert umzusetzen.

Nach dem Alchimedus-Prinzip sollten folgende Grundannahmen bzw. Gesetzmäßigkeiten beachtet werden:

1. Menschen brauchen fördernden Austausch mit anderen Menschen, sie brauchen für ihre Aufgaben geeignete Werkzeuge in Form von Technik, Methoden, Wissen, etc. und sie brauchen Inspiration, um Ihre obersten Ziele wie Zufriedenheit, Wohlergehen, Glück, Erfolg, Liebe bestmöglich zu erreichen. Nur wenn Menschen, Werkzeug und Inspiration in einem förderlichen Zusammenspiel stehen, wird es dem Einzelnen wie auch dem System gut gehen.

2. Ihre Ziele erlangen Menschen am besten, wenn sie sich selbst tatkräftig weiterentwickeln und sich genauso darum kümmern, dass sich die Menschen um sie herum entfalten können.

3. Für jeden Menschen auf dieser Welt gibt es eine maßgeschneiderte Aufgabe und Lebensform, eben eine BERUF-ung, die von niemand anderen besser gelebt und erfüllt werden kann. Diese Berufung gilt es zu finden. Wenn der Mensch diese Berufung lebt, ist er für sich wie auch bezogen auf die Gemeinschaft am optimalen Platz. (Prof. Alexander Kaiser, Wien)

4. Für die entwicklungsfördernde Umgebung bedarf es des Anerkennens und Umsetzens wichtiger Werte wie Freiheit, Verantwortung, Vertrauen, Mitgefühl und Disziplin.

Im Mittelpunkt des Alchimedus-Prinzips stehen also der Mensch und seine Suche nach Weiterentwicklung und Vollendung. Die Entwicklung der einzelnen Person ist dabei untrennbar mit der Entwicklung der Gemeinschaften, also auch von Wirtschaftsunternehmen, verbunden.

Der oberste Grundsatz des Alchimedus-Prinzips ist einfach und doch so wenig beachtet: Wenn ich mich weiterentwickle, werde ich andere mitnehmen, und auch sie werden sich entwickeln. Wenn alles um Sie herum sich entfaltet, strahlt das wiederum zu Ihnen zurück und Sie entfalten sich noch weiter. Ein Kreislauf von gegenseitigem Fördern und Weiterentwickeln ist in Gang gesetzt –also finden Sie nicht nur Ihre eigene Berufung, sondern helfen Sie anderen, sich zu entwickeln! Sie selbst und die Menschen um Sie herum, in Ihrem Unternehmen, werden zufriedener sein und dadurch viel mehr einbringen und einander geben.

Weiterentwicklung im alchimedischen Sinne heißt dabei, die eigene Einzigartigkeit und damit die eigene Berufung zu entdecken und dadurch den ureigensten Platz in der Gemeinschaft finden, den nur ich so einnehmen kann.

Woran liegt es nun, wenn Einzelne sich nicht entwickeln, Unternehmen nicht funktionieren? Aus alchimedischer Sicht ist der Grund im mangelnden Verständnis des Zusammenspiels von Mensch, Werkzeug und Inspiration zu finden, und im Besonderen an folgenden Umständen:

1. Menschen blockieren andere Menschen und begreifen sich nicht als Teil einer fördernden Kultur

2. Technik und Methodenwissen werden oftmals mangelhaft oder mechanistisch angewandt, ohne wirkliches Gespür für die Auswirkungen auf Mensch, Unternehmen und Natur.

3. Den Beteiligten fehlen die Vision, die Inspiration und die mobilisierenden Ziele

Als Folge entfaltet sich die Kraft des Zusammenspiels von Menschen, Werkzeug und Inspiration nur in geringem Maße. Wobei die Probleme je nachdem mehr aus dem Bereich der Menschen oder mehr aus dem Bereich des Werkzeugs und bei anderen wieder aus der mangelnden geistigen Inspiration resultieren können.

Menschen sind beispielsweise so mit ihrem Lebenskampf beschäftigt, dass Sie keine persönliche Vision aufbauen, geschweige denn diese konsequent in eine Firma einbringen und umsetzen. Vielmehr schauen viele, dass sie funktionieren und sich eine überlebenssichere Stellung erkämpfen. Sie haben sich dabei nur selbst im Fokus, ohne zu verstehen, dass ihre Ziele und die einer Organisation zusammenwirken können. Das Gespür für die anderen wird so nicht gefördert. Im schlimmsten Falle halten Menschen andere klein aus der Angst heraus, diese könnten sie überflügeln. Solche Entwicklungen können dann zu einer Orientierungslosigkeit führen, wie Werner Müller, Professor für Personalwirtschaftslehre in Basel, sie beschreibt: «Den Menschen in Unternehmen, also den Belegschaftsmitgliedern, werden zunehmend zwei qualitativ völlig unterschiedliche Botschaften vermittelt. Die eine wertet sie auf und betont ihre Autonomie und Einzigartigkeit, die andere signalisiert ihnen eine zunehmende Abhängigkeit und Austauschbarkeit.» Das führt, so Professor Müller, zu einem Vertrauensverlust bei den Mitarbeitern und damit zur «Erosion» der Arbeitsfreude: Die gängige Umstrukturierungs-, Turnaround-, Fusions- und Verschlankungspraxis reduziert die Mitarbeiter auf ihre wirtschaftliche Funktionalität. Sie erfahren sich als «Human Ressource», also als Objekte ohne Selbstwert, die beschafft, strategisch konfiguriert, disponiert, alloziert, verkauft, amortisiert und gegebenenfalls entsorgt würden. Mitarbeiter sind laut Müller dann vorsichtig, sagen nicht mehr, was sie denken, schieben unangenehme Tätigkeiten hinaus, beschäftigen sich vor allem mit sich selbst, planen nicht mehr – arbeiten also nicht mehr auf eine gemeinsame Zukunft hin. Dies hat fatale Folgen für das Unternehmen: Laufende Projekte erlahmen und werden abgebrochen, eingespielte Teams und funktionsfähige Strukturen zerstört. Kunden verlieren ihre vertrauten Kontakte und wandern ab. Professor Müller schließt daraus: Unternehmen müssen auch die ethische und soziale Performance ihres Betriebs in die Unternehmens- und Erfolgsbewertung einbringen. Umso mehr als es in unserer Zeit ein großes Bedürfnis der Menschen ist, ein Leben voller Sinn zu führen und die eigenen Möglichkeiten zu entdecken.

Seien Sie deshalb ein Alchimedus: Tun Sie das, was Ihren Fähigkeiten, Begabungen, Ihrer Lebendigkeit entspricht und schaffen Sie gleichzeitig in Ihrem Unternehmen Vertrauen und eine Wertekultur, auf die Ihre Mitarbeiter sich verlassen können. Beide sorgen für einen stabilen Faktor, auch wenn Firmen sich immer schneller verändern. Dies gilt ebenso und ganz besonders für Unternehmen in der Krise. Denn dann hilft es nicht, sich zu beklagen. Die einzige Möglichkeit, wieder wünschenswerte Zustände zu erlangen, ist: selbst aktiv werden.

*Die Funktion des Katalysators
schließt eine Einmischung in die
Dinge aus, erlaubt aber ihre
Offenbarung.*
   Paulo Coelho[3]

———

3   Bekenntnisse eines Suchenden, S. 39.

Das Alchimedus-Prinzip wirkt dabei wie ein Katalysator: Es macht Sie zum Anstoß vielfältiger Entwicklung um Sie herum. Es veranlasst Sie, sich zu fragen, wie Sie Ihre Mitmenschen – auch und gerade in der Krise- wahrhaftig und nachhaltig inspirieren und Neues entstehen lassen können: Wie können Sie hier und jetzt dafür sorgen? Und wie erreichen Sie, dass diese Entwicklungen nicht verpuffen?

Der Alchimedus-Ansatz ist hierfür stark lösungsorientiert und setzt auf praxiserprobte Methoden – ohne dabei «Methoden-blind» zu werden.

Das Alchimedus-Prinzip: Ganzheitliches Vorgehen bringt Erfolg

Wir brauchen immer neue Ideen und Konzepte und vor allem den Mut, die Befähigung, die Disziplin und den Willen, diese am Markt und in der Gesellschaft durchzusetzen: Seien Sie selbst der Anstoß und inspirieren Sie sich und Ihre Mitarbeiter. Warten Sie nicht auf andere! Was heilt ist richtig. Jenseits von allen Doktrinen. Wirtschaft wird heute oft als auf die materielle Produktion reduzierte, eindimensionale Tätigkeit verstanden, die auch nur durch wissenschaftlich bewiesene Methoden weiter entwickelt werden kann. Die emotionalen, mentalen und spirituellen Bereiche werden bei dem Einsatz der «wirtschaftlichen» Methoden oft vernachlässigt. Wieviel Kraft in den Menschen im Unternehmen steckt und wieviel Inspiration und Energie sie mitbringen könnten, wenn sie richtig angesprochen werden, bleibt so sehr oft verborgen, ja ungenutzt. Wir vergeben hier eine immense Chance, wenn wir den Zugang zu dieser Energie der Menschen nicht finden.

Das Alchimedus-Prinzip ist ein ganzheitliches Unternehmenskonzept für mehr und langfristigen Erfolg. Ausgehend vom einzelnen Menschen zeigt es einen Weg zur Revitalisierung von Unternehmen. Es spricht auf seinem Weg alle für den Unternehmenserfolg notwendigen Kräfte an, stärkt diese und schafft so eine Unternehmensvision für die Zukunft. Das Alchimedus-Prinzip umfasst dabei auch die «Schulmedizin» Betriebswirtschaftslehre. Die klassische Betriebswirtschaft und die moderne Managementliteratur vergessen allerdings zu oft, dass nur der Mensch und die Gemeinschaft ein Unternehmen revitalisieren können. Deshalb erweitert das Alchimedus-Prinzip die Betriebswirtschaftslehre um alternative «Heilkünste» und -methoden. Denn in einer ganzheitlichen Sicht auf den unternehmerischen Wandel sind Bereiche wie Innovationsmanagement, Philosophie, Persönlichkeitsfindung, neue Organisationsformen und eine veränderte Unternehmenskultur ebenso wichtig. Deshalb sollten Sie auch auf eine ganzheitliche Sicht bei den Methoden setzen.

Zu den wichtigen, die Menschen mobilisierenden Verfahren zählen aus alchimedischer Sicht die Techniken der Biostruktur-Analyse und die Alchimedus-Potential-Analyse, aber auch eine Mischung verschiedener betriebswirtschaftlicher Methoden. Ein zweites wichtiges Methodenfeld besteht aus den Vorgehensweisen der Organisationsentwicklung, des systemischen Coaching und des Berufungs-Coaching (Prof. Kaiser, Wien). Denn wer seine Berufung findet, weiß um die Werkzeuge («Techniken und Methoden»), die genau zu ihm passen. Er setzt sich und andere Menschen dort ein, wo Arbeit und Lebensaufgabe sich decken. Die Kenntnis der eigenen BERUF-ung, der eigenen Persönlichkeit und der anderen Menschen reift dann zum Erfolgsfaktor Nummer EINS auf dem Weg zu einem erfüllenden Leben.

In der Alchimedus-Potential-Analyse schließlich werden die Chancen und Zukunftsfelder einer Unternehmung ganzheitlich ent-deckt. Damit stellt es eine Antwort auf die heute vielfach entmenschlichte Wirtschaft und das Auseinanderfallen zwischen den privaten und den geschäftlichen Teilen unserer Existenz dar. Nicht nur Symptome, sondern die echten Ursachen der unternehmerischen Schwäche werden gefunden und beseitigt. Sind die spezifischen Potentiale der Unternehmung (innerhalb der drei Kräfte Mensch, Werkzeug, Inspiration) offenbar, gilt es, diese zu entwickeln. Hier kommen dann zusätzlich spezifische Methoden der Betriebswirtschaft und des Innovationsmanagement zum Einsatz, die ausführlich im Kapitel 2: Das Werkzeug beschrieben werden.

Es sei noch einmal betont. Das Alchimedus-Prinzip gibt Ihnen mit den erwähnten Methoden keine festen Rezepte für ihren Weg vor, sondern Leitlinien und Orientierungspunkte – ihren ganz persönlichen Weg werden Sie selbst finden. Jede Situation ist anders, jeder Moment bringt andere Bedingungen mit sich und erfordert ein anderes Vorgehen. Daher sind Ihre eigene Inspiration und Ihre eigene Kreativität gefordert. Um es mit Johann Wolfgang von Goethe überspitzt zu sagen: «Zur Methode wird nur der getrieben, dem die Empirie lästig wird.»

Meist beginnt die Reise dabei mit einem «Stein des Anstoßes»: einem Unternehmen in der Krise, einem geplatzten Geschäft, veralteten Produkten, schlechter Stimmung, die eskaliert. Wer solche schweren Phasen durchgemacht hat, weiß, dass das Leben hier nicht endet. Denn die Reise geht nie zu Ende, sie ist ein immer während er Zyklus. Jedes Stadium dieser Reise bedarf eigener Entscheidungen und stellt Sie vor eigene Herausforderungen. Der Weg und die Suche an sich werden Sie verändern. Lernen Sie deshalb auf den Routen des Lebens zu navigieren, und lassen Sie nicht einfach nur irgendwie transportieren!

Exkurs: Alchimie und Medizin
Das Leben ist Wandel. Alchimistische Einsichten in die
Zusammenhänge des Lebens ermöglichen es uns nicht nur, uns
selbst oder unser Unternehmen zu heilen, sondern sie verleihen
uns auch die Fähigkeit, stabile Systeme zu bauen.

Nehmen wir als Beispiel die Auffassung der Alchimie von
der menschlichen Leber (deren Leben schaffende Bedeutung
sich auch in der Nähe zum Wort «Leben» zeigt), und lernen wir
daraus für unser eigenes berufliches Leben und für den Aufbau
von Stabilität in Unternehmen.

Paracelsus schrieb: «Die Leber ist der Alchimist im
Bauche.» Und die chinesische Medizin lehrt, die Leber sei der
Sitz der Seele. Die «kühle» Leber gehöre zum Element Wasser
(kalt-feucht), die «warme» Galle dagegen, in der Leber gebil-
det, zum Element Feuer (warm-trocken). Somit finde in der
Leber ein physiologischer und energetischer Umwandlungspro-
zess statt: So lange sich Feuer und Wasser, diese scheinbar
unvereinbaren Gegensätze, in einem Fließgleichgewicht befän-
den, sei der Mensch gesund. Störe aber irgendetwas dieses
Gleichgewicht, so dominiere entweder das Wasser oder das
Feuer den Menschen.

Fließgleichgewichte weisen also das rechte Maß von Feuer
und Wasser auf. – Was bedeutet diese Erkenntnis nun für Sie
als Alchimedus? Schauen Sie sich Teams an: Wie empfinden
Sie die Mischung von feurigen Kämpfern und am Fortgang
orientierten Organisatoren in diesen Teams? Ist sie produktiv,
und beeinflusst sie die Prozesse im zu erneuernden Unternehmen positiv? Oder bei Problemen: Wie können Sie die feurigen
Konflikte in Lösungen (Wasser) überführen?

Das Alchimedus-Prinzip ist vielschichtig. Es verbindet die Suche
nach ständiger Fortentwicklung aus der Jahrhunderte alten Wissenschaft der Alchimie mit den oben erwähnten wissenschaftlichen
Methoden, mit dem Heilansatz der ganzheitlichen Medizin und dem
Selbstfindungsprozess des Santiago in Paulo Coelhos «Alchimisten».

Auch Sie können den Alchimedus-Weg beschreiten, so wie ein Pilger
den 700 km langen Jakobsweg von den Pyrenäen bis nach Santiago de
Compostela geht: einen Pilgerpfad, auf dem sich die verschiedensten
Menschen begegnen, von denen jeder seine persönlichen Motive für
die Pilgerschaft hat. Einen Weg, auf dem die Menschen den Zauber,
das Geheimnis von menschlicher Begegnung und innerer Wandlung
erleben. Diese Reise wird für Sie ein Erleuchtungs- und Erlebenspfad

zum Ihrem Selbst sein, eine menschliche Abenteuerreise: das Abenteuer Ihres eigenen Lebens, aber auch das der Unternehmen, deren Bestand-Teil sie sind.

Unternehmen und Wirtschaft sind Teil unseres Seins, Teil der Gesamtheit des Lebens, Teil unserer Wirklichkeit. Die alten Griechen besaßen dafür das schöne Wort KOSMOS, es bezeichnete die Gesamtheit allen Seins, einschließlich der materiellen, emotionalen, mentalen und spirituellen Bereiche. In diesem ganzheitlichen Kontext wollen wir die Methoden des Alchimedus-Prinzip verstanden sehen. Der alchimedische Ansatz umfasst Wirtschaft, Seele, Ethik, Moral und bezieht gleichzeitig wissenschaftliche Disziplinen mit ein. Er vereinigt auch bei seinem methodischen Vorgehen Wissen mit Gefühl. Wissen, Menschlichkeit und Kompetenz haben deshalb für den Alchimedus Vorrang vor Macht, Status und anderen «Empfindlichkeiten». Die Ganzheitlichkeit fördert viele neue Ebenen und Ansätze. Es entstehen neue nicht vorhersehbare oder produzierbare Wege und Lösungen. Wege, die zu mehr Wertschöpfung und sprunghaften erfolgreichen Veränderungen führen.

Wenn Sie nun beispielsweise vor der Aufgabe stehen, Ihr Unternehmen zu revitalisieren, werden Sie in kurzer Zeit und unter hohem Druck pragmatisch diese Aspekte, Ansätze und Methoden der modernen Unternehmensführung miteinander vereinen. Sie werden alle Kräfte anspannen, um aus dem alten Unternehmen ein neues entstehen zu lassen. Seien Sie der Anstoß zu vielfältiger Veränderung! – Die Entwicklung hin zu einem modernen Unternehmen folgt keinen ausgetretenen Pfaden. Sie benötigt Menschen mit Vision und Innovationsgeist, die eine eigene vertrauenswürdige und stabile Struktur entwickeln und neue Wege einschlagen. Außenstehende und Berater können dabei teilweise mit ihrem Methodenwissen helfen, aber neuen Geist und Glanz schaffen nur die Menschen im Unternehmen selbst. Wer also ein Unternehmen von innen revitalisiert, wendet das bereits praktisch an.

Das Ziel moderner Unternehmensführung muss es dabei sein, das gesamt Alchimedus-Prinzip Potential (Führung, Mitarbeiter, Technik, Umfeld, Inspiration, Kreativität) im Unternehmen nutzbar zu machen, den eigentlichen Schatz zu heben, und nicht wichtige Teile einfach zu vergessen. Entlassungsprogramme, Rationalisierung, wechselnde Unternehmensausrichtungen und Lippenbekenntnisse der Vorstandschaft, wie sollen sich Menschen vor einem solchen Hintergrund für neue Aufgaben interessieren und ihre ganze Kraft für die Unternehmung einsetzen? Glaubhafte Unternehmensführung, vorgelebt durch eben diese Führung, eine gemeinsame Vision und geteilte Werte begeistern Menschen, binden sie mit ein und lassen sie neue Kraft schöpfen.

Die Kraft des Alchimedus-Prinzips

Kraft macht keinen Lärm. Sie ist da
und wirkt.

Albert Schweitzer[4]

D as Alchimedus-Prinzip ist an Ihnen ganz persönlich interessiert! Und Sie als Alchimedus sind an den Menschen ganz persönlich interessiert: Ein Schlüssel für das Alchimedus-Prinzip ist der Wert schätzende Umgang mit Mitarbeitern. Die bloße Größe eines Unternehmens, seine Finanzkraft und Profitabilität sind nur Symptome. Das Alchimedus-Prinzip ist an der Kraft interessiert, die Neues entstehen lässt: Warum entwickeln sich manche Firmen permanent fort und überleben? Warum wachsen andere aus dem Nichts in große Höhe? Warum haben manche Firmen über Jahre ein sicheres Gespür für neue Strömungen am Markt und passen sich erfolgreich an? Warum dagegen scheitern andere Unternehmen und gehen ein?

Bei Beratungen erleben wir oft, wie gefühllos im Sinne der nackten Zahlen, modisch «Shareholder Value», mit Unternehmen und Menschen umgegangen wird. Dabei scheint es oft, dass das Miteinander oder ein menschliches Wort nichts oder zu wenig gilt, weil alle nur rücksichtslos auf Profit und Wachstum erpicht sind. Wenn darin die Grundlage für schnelles Wachstum besteht, gleicht dieses eher einer Krankheit, die sich ausbreitet, und schafft Raum für den ebenso schnellen Fall. Das mussten viele bitter erleben, und darunter hat auch die Ethik in vielen Unternehmen gelitten.

> Für das Alchimedus-Prinzip stellt deshalb die Verlässlichkeit, die auf gemeinsamen Werten beruht, die Basis für dauerhaften Erfolg dar.

Verlässlichkeit in Worten und Taten: Früher war ein Handschlag bindend, heute sind selbst seitenlange Verträge es oft nicht. Solche Werte gilt es wieder zu finden und zu leben. Sie verleihen dem Unter-

---

4 Deutscher evangelischer Theologe, Musiker, Mediziner und Philosoph,
* Kaysersberg, Oberelsass, 14. 1. 1875; † Lambaréné (Gabun), 4. 9. 1965.

nehmen Kraft, weil sie ihm die großen Schäden ersparen, die aus Misstrauen entstehen.

Die Menschen in Ihrem Unternehmen müssen, genau wie Ihre Familie, auf ethische Werte und Rahmenbedingungen vertrauen können. Auf dieses Vertrauen baut der künftige Erfolg jenseits von kurzfristiger Geldmache. Verbinden Sie Ihre Träume mit denen Ihrer Kollegen! Bringen Sie Ihre Begeisterung ein! Führen Sie Ihre Mitarbeiter, indem Sie ihnen Ihre Ethik und Geisteshaltung vorleben und dabei Disziplin, Wissen und profunde Fachkenntnis einfließen lassen! Disziplin ist Selbstdisziplin, also Disziplin, die Sie von innen durch Ihre Einsicht erlangen. Nur so erlebt Ihr Unternehmen wirkliche Innovation – und nur so wird aus Blei Gold.

Weitere Kraftfaktoren für stabile, wachsende Unternehmen sind Kreativität und Phantasie. Auch diese können nur in einer Umgebung gegenseitigen Verständnisses gedeihen und bedürfen echter, tief reichender Kenntnisse, um nicht als versponnene Ideen abgetan zu werden. Phantasiereiche Ansätze reichen nicht aus, sie müssen sich im täglichen Leben bewähren, überlebensfähig und ertragreich sein.

Wahrhaft erfolgreiche Firmen befolgen die ganzheitliche Herangehensweise des Alchimedus-Prinzips intuitiv. Sie selbst können das Alchimedus-Prinzip aber auch ganz bewusst in Ihrer Firma und Familie wirksam werden lassen. Es gibt nur eines zu tun: Sie wollen es, und Sie beginnen damit hier und jetzt!

Wenn Sie genau darauf achten, werden Sie dann Erstaunliches in sich finden: Welche Kraft in Ihnen, welches Talent steht am meisten im Vordergrund? Was können Sie anderen Menschen geben, wie lautet Ihre Vision? Beobachten Sie sich, wo Sie sich voller Leben fühlen und was andere Menschen von Ihnen annehmen. Schreiben Sie diese Dinge auf, und holen Sie sich Feedback von Leuten aus Ihrem Umfeld, denn niemand geht allein auf seine Alchimedus-Reise. Der Weg und die Suche bringen Sie zu Ihrer eigenen Identität und Reife. Auf Ihrer Reise wird viel mit Ihnen passieren. Die einzige Voraussetzung ist, dass Sie sich bewusst an diesem Prozess beteiligen, dass Sie ihm Aufmerksamkeit schenken und sich bemühen, Neues entstehen zu lassen. Sie müssen den Wandlungsprozess selbst wollen, denn wenn Sie nur Techniken anwenden, ohne sich selbst hinzugeben, wird Ihr Versuch fehlschlagen.

Nehmen Sie sich daher einen Moment Zeit, bevor Sie beginnen, dieses Buch zu erleben. Vieles wird neu für Sie sein. Stellen Sie sich einige Fragen, und beantworten Sie diese auf einem Blatt Papier, in Worten oder Bildern – wie Sie möchten:

- ◆ Wie fühlen Sie sich?
- ◆ Sind Sie mit Herz und Seele bei dem, was Sie beruflich tun? Oder stellt es nur Ihren Broterwerb dar?
- ◆ Fühlen Sie sich im Einklang mit den Menschen, mit denen Sie arbeiten? Oder befinden Sie sich mit ihnen im Widerspruch, im Streit oder gar im Kampf?
- ◆ Fühlen Sie sich als Einzelkämpfer?
- ◆ Wie finde ich meine BERUFung im Leben?
- ◆ Wie kommt ein neuer Geist in das wirtschaftliche Handeln?
- ◆ Wie bauen wir gesunde kraftvolle zukunftsfähige Unternehmen?
- ◆ Wie verbinden wir die Träume der Menschen mit der Zukunft der Unternehmen?
- ◆ Wie kann Wirtschaft dem Menschen, dem Leben und der Menschheit in der Gesamtheit dienen und zu einem nachhaltigen Gestalten meiner kleinen aber auch der großen Welt beitragen?

Antworten finden Sie im Alchimedus-Prinzip!

Die Reise beginnt...

Der Aufbau des Buches

Wie mag eine solche Reise zu mir selbst verlaufen?», werden Sie jetzt fragen. Im Folgenden sind deshalb kurz die Stationen geschildert, wie der Weg bzw. das Buch aufgebaut ist. Aber ein Urlaubskatalog vermittelt nicht das, was Sie im Urlaub erleben, und genauso wenig liefert eine kurze Inhaltsangabe alles, was Sie auf Ihrer Reise erfahren werden. Nutzen Sie deshalb das Geschriebene als Inspiration, beantworten Sie sich ehrlich die aufkommenden Fragen, und beginnen Sie zu handeln!

Das Alchimedus-Prinzip unterscheidet drei Ebenen, auf denen Sie sich und Ihrem Unternehmen neue Energie geben werden:

«Der Mensch» inspiriert Sie dazu, Dinge zu tun, die Sie vielleicht bisher nicht gewagt haben: der Mensch zu sein, der Sie eigentlich sind, Ihre gesamte Willens- und Schaffenskraft zur Geltung zu bringen, Ihre Energie für Ihre Träume und Visionen einzusetzen und nicht in fremd gesteuerten Welten versiegen zu lassen. Hier erfahren Sie, wie Sie neue Herausforderungen suchen, diesen begegnen und sie gemeinsam mit Ihren Kollegen und Mitarbeitern meistern. Damit lernen Sie auch, wie Sie andere Menschen lotsen und motivieren und wie Sie geistige Führung erlangen.

«Das Werkzeug» gibt Ihnen das betriebswirtschaftliche und technische Rüstzeug an die Hand, mit dem Sie Unternehmenskrisen bewältigen. Dieser Teil schult Ihren Blick für das Wesentliche. Die hier erlernten Methoden sollten Sie jeden Tag anwenden und in Ihrem Arbeitsumfeld weiter vermitteln.

«Die Inspiration» weckt Ihre Dynamik, mit der Sie die Zukunft gestalten. Inspiration ist die Kraft der Begeisterung, ohne sie gäbe es weder die Demokratie, wie wir Sie kennen, noch die großen Erfindungen wie Dampfmaschine, Auto oder Flugzeug. Dieser Teil des Buches baut auf den vorangegangenen auf: Sie haben die entscheidende Rolle des Menschen als aktives Element verinnerlicht, Sie und Ihr Unternehmen haben das nötige Werkzeug kennen gelernt. Nun steht Ihnen der Weg in die Zukunft offen. Ist erst einmal das ganze Unternehmen überprüft, sind alte, ausgetretene Pfade verlassen, bietet die Inspiration Ihnen die Chance, einen dauerhaften Innovationsprozess in Ihrem Unternehmen zu etablieren und es damit stabil und lebendig zu machen.

Die alchimistische Zahl 3 zieht sich durch das ganze Buch: Den drei Kräften Mensch, Werkzeug und Inspiration entsprechen die drei Elemente Erde, Wasser und Feuer. Bilden diese ein harmonisches Gleichgewicht, entsteht eine Wohlspannung oder das 4. Element Luft bzw. ein höherer Geist, Gemeinschaftssinn mit sozialer Verantwortung und Mitgefühl. Auch bei den drei alchimistischen Kräften der Transformation (Salz, Schwefel und Quecksilber), bei den Himmelsgestirnen Sonne, Mond und Erde sowie bei der alchimistischen Trinität von König, Königin und Königssohn erscheint die Zahl 3. Sie verkörpert die Dreifaltigkeit von Körper, Seele und Geist (Corpus, Spiritus und Anima): Wenn der Alchimedus Körper, Seele und Geist des Einzelnen und der Gemeinschaft zum Leben erweckt und sie zu einer neuen, harmonischen Zusammensetzung führt, dann entsteht ein energetisches Wunderwerk, die Wohlspannung im Lebensdreieck.

Vor Ihrer Einführung in das Alchimedus-Prinzip sind Ihre Energie, Ihre Seele und Ihr Geist in Ihrem Körper gefangen und können ihre wahren Fähigkeiten nicht entwickeln. Ihre Aufgabe als Alchimedus wird es sein, sie zu befreien. Dabei handelt es sich um einen klassischen alchimistischen Prozess über mehrere Stufen: Im ersten Schritt finden und definieren Sie das Grundmaterial, die prima materia, und bereiten sie für den nächsten Schritt der Transformation vor. Im zweiten Schritt analysieren und reinigen Sie die prima materia, bereiten sie auf, mischen und sortieren sie neu. Der dritte Schritt schließlich bringt das Gold hervor, Ihre eigene Energie. Jetzt wirkt die Inspiration.

Achten Sie darauf, alle diese Schritte nacheinander durchzuführen, und halten Sie an den einzelnen Stufen und Übertritten Rituale ab: Befreien Sie sich privat und im Geschäft symbolisch von altem Ballast und Müll, um so sich selbst und allen anderen den Beginn einer neuen Zeit zu verdeutlichen. Damit programmieren Sie Ihr Unterbewusstsein neu und verdeutlichen ihm, dass jetzt ein Neubeginn möglich und neues Denken gefragt ist. Und dann begeben Sie sich auf Ihre weitere Reise!

Gebrauchsanweisung zum Lesen: Methodik und Grundlage[5]

Lesen Sie die folgenden Zeilen bitte genau, und nehmen Sie das Buch in diesem Sinne an:

Das Alchimedus-Prinzip beruht auf der klassischen Dreiteilung, die hier «Mensch», «Werkzeug» und «Inspiration» heißt. Diese wendet es auch in Sprache, Bildern und Methodik in allen Kapiteln an. Warum diese Dreiteilung, wieso sollten Sie alle drei Teile mit derselben Aufmerksamkeit lesen?

Der Dreiteilung des Alchimedus-Prinzips liegen die Forschungen des amerikanischen Wissenschaftlers Paul D. MacLean zugrunde sowie die Biostrukturanalyse, die der Anthropologe und Hirnforscher Rolf W. Schirm 1977 begründete und die die heute Juergen Schoemen weiterführt.[6]

MacLean hat nachgewiesen, dass das Gehirn in der Evolution aus drei grundlegenden Formationen entstanden ist. Er entdeckte Ordnungen und Funktionsprinzipien, die uns einen Schlüssel bieten, um das menschliche Verhalten zu erklären. Sein Konzept nannte er «Drei-einiges Gehirn» (Triune Brain): Demnach besteht das menschliche Gehirn eigentlich aus drei Gehirnen, die sich in ihrer Funktion, ihrem evolutionären Alter und ihrer Eigenart deutlich voneinander unterscheiden und die Ähnlichkeiten zu Reptilien, frühen Säugetieren bzw. Primaten/späten Säugetieren zeigen.

Diesen drei Gehirnen gab MacLean die Namen:

◆ Stammhirn (Reptilienhirn) – das älteste Gehirn mit einer über 250 Millionen Jahre alten Entwicklungsgeschichte,

◆ Zwischenhirn – das Gehirn der frühen Säugetiere, etwa 100 Millionen Jahre alt, das nur Freund oder Feind kennt,

◆ Großhirn – entwicklungsgeschichtlich das jüngste Gehirn, erst bei den höheren Säugetieren entstanden.

Das Stammhirn steuert die Gefühle und Instinkte des Menschen sowie seine körpereigenen biologischen Prozesse, das Zwischenhirn

---

5   Nach Schirm, Rolf W.; Schoemen, Juergen.: Evolution der Persönlichkeit.
6   Mehr zur Biostrukturanalyse unter www.structogram.de.

regelt auch den eigenen Antrieb, und das Großhirn steuert eigene Überlegungen und gibt uns Plan und Gewissen. Die drei Gehirne wirken zusammen, haben aber ihre jeweiligen Eigenarten behalten. Welchem der drei Gehirne in einem Menschen der größte Einfluss zukommt, ist genetisch veranlagt. Diese Veranlagung bestimmt die Persönlichkeitsstruktur des Menschen. Bei verschiedenen Menschen überwiegen unterschiedliche Hirnbereiche oder Hirnmischungen. Deshalb reagieren sie unterschiedlich auf äußerlich vergleichbare Situationen:

◆ grün = das gefühlsmäßig-instinktive Stammhirn

◆ rot = das emotional-impulsive Zwischenhirn

◆ blau = das rational-kühle Großhirn

Jedes der drei Hauptkapitel dieses Buchs spricht nun eines dieser Gehirne ganz besonders an. Deshalb werden Sie sich zu einer der drei Kräfte Mensch, Werkzeug und Inspiration ganz besonders hingezogen fühlen. Das soll Sie aber nicht dazu verleiten, nur diesen Teil zu lesen und die anderen zwei Kräfte zu überspringen – im Gegenteil: Für eine ganzheitliche Revitalisierung von Menschen und Unternehmen, wie sie das Alchimedus-Prinzip verfolgt, sind gerade die Gehirnbereiche besonders wichtig, die bei Ihnen nicht überwiegen.

Auch Unternehmen gehören oft durch die Ausprägung ihrer Gründer zu einer bestimmten Gehirndominanz: Manche Unternehmen beherrschen das Werkzeug der Betriebswirtschaftslehre perfekt und haben trotzdem einen schweren Stand am Markt, weil die Menschen im Unternehmen sich verweigern. Andere Unternehmen pflegen ein ausgesprochen gutes menschliches Verhältnis und setzen die finanziellen Instrumente richtig ein, aber ihnen fehlt die Inspiration für neue Produkte. Schließlich gibt es ausgesprochen kreative und innovative Unternehmen, die aber finanziell nie auf einen grünen Zweig kommen, weil sie die betriebswirtschaftlichen Instrumente nicht beherrschen.

Lesen und arbeiten Sie sich deshalb durch alle drei Kapitel. Entdecken Sie Ihre Chancen – entdecken Sie diejenigen Bereiche, die wegen Ihrer persönlichen Gehirnstruktur bei Ihnen und in Ihrem Unternehmen oder Team weniger stark ausgeprägt sind.

Der Mensch

Der Mensch – die erste Kraft

Der Mensch als Alchimedus: Sie sind der Schöpfer des Wandels

Eine Reise von tausend Meilen
beginnt mit dem ersten Schritt.

Lao Tse[1]

Ich will glücklich sein, wir alle wollen glücklich sein, wir alle haben ein Anrecht darauf, glücklich zu sein. Doch die Wenigsten sind richtig glücklich. Warum? Sie sehen nicht, dass sie die Kraft haben, ihr Leben zu verändern. Natürlich gibt es Dinge, die wir nur in Grenzen beeinflussen können, zum Beispiel das Altern. Aber viele Umstände können wir sehr wohl selbst aktiv beeinflussen. Glück ist kein Zufall, wir können uns ein glückliches Leben selbst erarbeiten.

Bestimmen Sie Ihr Leben aktiv

Viele Menschen beschweren sich über ihr eigenes Los, die Ungerechtigkeit, die Mitmenschen, das Schicksal. Sie leben ihr Leben als Zuschauer. – Andere Menschen leben nach den Vorstellungen und Werten anderer. Der gelebte Materialismus steuert wichtige Bereiche ihres Lebens und ihrer Anschauungen. Dadurch verliert ihr Leben an Sinn, und sie werden unglücklich. Die meisten Leute tun dann etwas, weil sie es tun müssen. Ein Alchimedus aber tut etwas, weil er es tun will!

Stein des Anstoßes

Oft scheinen wir abhängig von gutem Aussehen, Statussymbolen und ewiger Jugend zu sein. Doch jedem zeigt sich irgendwann im Leben, dass diese Werte es nicht verdienen, sie bedingungslos zu verteidigen. Der wahre Weg zum Glück erfordert eine bewusste Entschei-

---

1 Lao-tse/Lau-tsi/Lao-Tan (chinesisch: „der alte Meister"), chinesischer Philosoph, lebte wahrscheinlich im 4. bis 3. Jahrhundert v. Chr.

39

dung, einen Stein des Anstoßes. Bei den einen sind das elementare Auseinandersetzungen mit Eltern, Freunden oder Geschäftspartnern, bei den anderen Krankheit oder andere Schicksalsschläge. Durch diesen Anstoß aufgerüttelt, begeben sie sich auf einen wirklichen und wahrhaftigen Weg, auf dem nichts mehr so sein wird wie früher. Das ist der Weg des Alchimedus. Dieser Weg ist nicht einfach, es gibt viel bequemere Wege, vermeintlich ohne Widerstände, aber auch ohne echtes Leben und Authentizität, ein fremdbestimmtes, schales Leben. Der Weg des Alchimedus ist der schwere, schöne, faszinierende Weg zu sich selbst und zu seiner Berufung. Es ist der persönliche Lebensweg, der einem Traum folgt: Viele Menschen hatten als Kinder Träume, die irgendwann einschliefen. Denn irgendwann hinderten tägliche Verpflichtungen, die Arbeit und viele weitere Alltagstätigkeiten sie daran, ihre Träume zu verwirklichen. Nach den Träumen befragt, heißt es dann: «Ja, ich möchte ja gerne, aber ich kann nicht, mein Haus, die Hypothek ...» Oder jeder Tag ist sowieso wie der andere: Wenn alle Tage gleich sind, bemerken Sie auch nicht die guten Dinge, die Ihnen im Leben widerfahren. Vielleicht haben Sie als Kind gewusst, was Ihre ganz persönliche Vision im Leben ist, diese dann aber in den Niederungen des täglichen Lebens vergessen.

Dabei besteht unsere einzige wirkliche Verpflichtung im Leben darin, unseren persönlichen Lebensplan zu erfüllen. Doch wie wissen wir, worin unser eigener Lebensplan besteht?

Das Leben als bewusste Entscheidung

Das Leben des Alchimedus ist eine bewusste Entscheidung, mit der er von einem Zustand zu einem höheren gelangt, sich von einem energetischen Niveau zum nächsten entwickelt.

> Mit Ihrer bewussten Entscheidung bringen Sie sich
> und andere Menschen auf ein höheres Energieni-
> veau. Damit wechseln Sie persönlich und Ihr ganzes
> Unternehmen aus einem egozentrischen in einen
> mitfühlenden Energiezustand. Sie beginnen, anderen
> Menschen zu helfen. Sie beginnen, anderen Men-
> schen etwas beizubringen. Sie beginnen, etwas so
> intensiv zu erträumen, dass es Ihrer tiefsten Seele
> entstammt. Ihre Vision wird stark. Sie erkennen, dass
> Sie Ihre Lebensaufgabe gefunden haben.

Ein Alchimedus versteht seine Lebensaufgabe wie folgt: «Wenn ich mich entwickle, dann entwickelt sich auch mein gesamtes Umfeld. Also sind meine positiven Anstrengungen, Taten und Gedanken niemals vergeblich. Sie entwickeln das System, die Gemeinschaft, in der ich lebe, weiter. Wir alle partizipieren am Erfolg.»

Gold als Symbol ständiger Weiterentwicklung

Für Alchimisten bedeutet Gold die höchste Vollendung der Stofflichkeit. Es symbolisiert ihr Bestreben, ihre eigenen Künste und Fähigkeiten immer weiter zu entwickeln. Viele Menschen suchten und suchen bis heute nach ihrem Lebensgold. Aber solange sie es als ihr Endziel suchen, sind sie keine wirklichen Alchimisten. Denn dann suchen sie den Schatz am Ende Ihres persönlichen Lebensplans, ohne auf dem Weg dorthin ihren eigentlichen Lebensplan leben zu wollen. Aber alles, was der Mensch wissen muss, wird ihn nur die Reise seines Lebens lehren!

Wir leben dabei nicht in einfachen Zeiten. Viele sprechen von Wirtschaftskrisen, Branchenkrisen oder Krisen am Arbeitsmarkt. Der Begriff «Krise» ist in der Umgangssprache allgemein negativ besetzt. Bei genauerer Betrachtung hat er jedoch eine umfassendere Bedeutung: Das griechische Wort «krisis» bezeichnet eine Entscheidung, einen Wendepunkt, den wichtigen Abschnitt einer psychologischen Entwicklung, der nach der Zuspitzung einer Situation über ihren weiteren Verlauf entscheidet[2].

Für die Chinesen enthält das Schriftzeichen für «Krise» von vornherein auch die Bedeutung «Chance». Eine Krise bringt also auch immer die Möglichkeit zur Verbesserung mit sich. Nach dieser Definition entscheidet das Verhalten über den weiteren Verlauf einer zugespitzten

---

2   Der neue Brockhaus, 3. Band, 6. Auflage 1979, S. 271.

Situation. Die Frage lautet dann, wer sich jeweils richtig verhalten soll: Genügt es, einen oder mehrere Verantwortliche zu suchen und selbst entspannt zurückgelehnt oder auch nervös den Verlauf der Krise zu betrachten? Das würde bedeuten, dass Sie zusehen, wie sich der Firmenzug mit ungebremster Geschwindigkeit auf eine Wand zu bewegt. Sie ahnen die Katastrophe, aber Sie unternehmen nichts – denn es ist ja nicht Ihre Firma. Vielleicht fragen Sie sich sogar, ob Sie nicht ein Stellengesuch schalten sollten, falls die Firma untergeht – denn man muss sich ja absichern.

Die andere Möglichkeit ist, dass Sie ihr Schicksal selbst in die Hand nehmen. Das Alchimedus-Prinzip zeigt Ihnen Wege auf, wie Sie Ihre eigene Umwelt beeinflussen können. Selbst dann, wenn Sie keine eigentliche «Macht» im Sinne einer hohen Position innerhalb einer Organisation besitzen.

Ein Patentrezept, wie Sie – mit welchen Ausgangsstoffen auch immer – Ihr «Lebensgold» herstellen können, liefert Ihnen auch das Alchimedus-Prinzip nicht. Es verleiht Ihnen aber die Fähigkeit, das wertvolle Endprodukt aus dem Zusammenspiel verschiedener Ausgangsstoffe zu gewinnen. Dazu gehören eine tiefe Einsicht über den Menschen, wichtige wirtschaftliche Werkzeuge und die Kraft der Inspiration für die Zukunft. Heute kämpft der Alchimedus nicht mehr wie im Mittelalter gegen die Natur, sondern gegen die traditionellen Strukturen: Auf bekannten Wegen können Sie oft nur hinterherlaufen und nichts Neues entdecken.

Der Theologe Giordano Bruno wurde als Ketzer verbrannt, weil er behauptet hatte, die Erde drehe sich um die Sonne. Als Thomas Stephenson die Lokomotive erfand, «bewiesen» spitzfindige Mathematiker, dass auf glatten Schienen niemals ein Zug eine Last ziehen könne, weil die Räder durchdrehen würden. – Die Geschichte der Skeptiker ist lang; wer neue Wege wagt, muss sich immer erst mit den Verteidigern des Status Quo auseinander setzen.

Die Wirkungsfelder des Alchimedus-Prinzips

Persönlichkeit ist, was übrig bleibt,
wenn man Ämter, Orden und Titel
von einer Person abzieht.

Wolfgang Herbst[3]

Die nun folgenden Wirkungsfelder bilden im Alchimedus-Prinzip die Grundlage für Wachstumsprozesse bei Menschen und Unternehmen.

Der Weg beginnt mit Ihrer Vision

Ein Mensch, der seine Lebensaufgabe
gefunden hat, findet darin Gründe,
die das Leben lohnen und mit Freude
erfüllen, ganz gleich auf welche
Hindernisse und Schwierigkeiten er
stoßen oder was Schweres ihm
zugemutet werden mag.

Jean Monbourquette[4]

Ihr Weg beginnt mit Ihrer Vision: Wollen Sie in zehn Jahren das Europa-Geschäft eines Konzerns leiten? Wollen Sie sich selbständig machen? Wollen Sie mit Ihrer Familie wenigstens einmal während der Woche um zehn Uhr frühstücken? Wollen Sie die umwelttechnologisch besten Produkte auf den Markt bringen? Oder wollen Sie das bestmögliche Arbeitsumfeld für Ihre Mitarbeiter schaffen? Oder, oder, oder...

———

3   Evangelischer Kirchenmusiker in Bremen und Braunschweig, bis 1998 Professor und Rektor an der Hochschule für Kirchenmusik in Heidelberg, * Chemnitz, 1933.
4   Psychologe und Theologe.

Henry Ford sagte: «Ich werde ein Fahrzeug für die Masse bauen, und sein Preis wird so erschwinglich sein, dass es sich jeder leisten kann.» Am 16. Juni 1903 gründete er mit 28 000 Dollar die Ford Motor Company. Das war seine Vision, und ihre Umsetzung ist heute weltweit bekannt. Ihre Vision kann aber genauso gut das Bild eines einfachen Projektziels sein. Und Sie müssen nicht den Erfolg eines Henry Ford haben, um sie zu leben. Was also ist Ihre Vision? Wie bereichernd und inspirierend ist sie für Sie? Wie sehr veranlasst sie Sie zum Handeln? Was hindert Sie daran, Ihre Kraft für Ihre Träume einzusetzen? Wenn Ihre Träume oder Visionen und Ihr jetziger Zustand auseinander klaffen, dann hat Ihre Reise begonnen. Halten Sie nicht inne, lassen Sie die Vision ihre Kräfte entfalten und Ihr Leben inspirieren. Sie haben ein Ziel! Arbeiten Sie für Ihre Vision, leben Sie dafür! Rückblickend werden Sie sich dann wahrscheinlich fragen, warum Sie nicht schon viel früher mit voller Kraft Ihrer Vision gefolgt sind.

Falls Sie sich noch nicht sicher über Ihre Vision sind, prüfen Sie, ob sie folgende Elemente enthält:

◆ Hat sie einen klaren Zukunfts- und Realitätsbezug?

◆ Lässt sie sich in Bildern oder Szenen darstellen?

◆ Ist sie stark auf Menschen und Personen bezogen und kann sich auf diese auswirken?

Und so wird Ihre Vision zum Bestandteil Ihres Alchimedus-Wegs:

| **Glaubensbekenntnis eines Alchimisten**[5]

| Entwickeln Sie sich selbst und Ihre Fertigkeiten und Begabungen, um Führung zu übernehmen. Dann führen Sie durch Ihr Beispiel. Entwickeln Sie die Vision Ihres Zieles, um andere zu inspirieren, Sie dorthin zu begleiten. Fördern Sie andere Menschen in ihrer Entwicklung, stärken Sie Ihren Einfluss auf Ihre Begleiterinnen und Begleiter. Dann können Sie eine gemeinsame Vision entwickeln. Üben Sie sich im systematischen Denken, damit Sie Situationen mit Ihren Einschränkungen, Risiken und Chancen besser verstehen lernen.

Warum das Ganze? «Wer nur dumpf vor sich dahin lebt, wer fade und ohne Geschmack lebt, der verletzt sich selbst. Wer spürt, was eigentlich für ihn gut wäre, es aber nicht tut, weil es unbequem wäre oder den Erwartungen der anderen nicht entspräche, der schadet sich selbst.», so sagt der Benediktiner Anselm Grün. – Alchimedus zu sein heißt, Ihre eigenen persönlichen Visionen zu entfalten, im Einklang mit anderen weiterzuentwickeln und wachsen zu lassen. Einem echten Alchimedus werden die Mitarbeiter auch ohne formale Autorität folgen. Deshalb fangen Sie bei sich an, hier und jetzt!

Fangen Sie bei sich an

Der große Sinn des Lebens liegt nicht darin, etwas zu wissen, sondern etwas zu tun.

Aldous Leonard Huxley[6]

Warum sollen Sie die Strapazen auf sich nehmen?

| Glück ist kein Zufall

Ganz einfach: Ihr Glück fällt nicht vom Himmel. Sie erarbeiten es sich und schaffen es selbst durch Ihre Geisteshaltung. Das westliche Modewort «happy» leitet sich ab von dem isländischen Wort «happ», das einen glücklichen Zufall beschreibt. Der Alchimedus erarbeitet sich sein andauerndes Glück beständig und nachhaltig durch die Schulung seines Geistes. «Geist» schließt in diesem Zusammenhang den Intellekt, Gefühl, Verstand und Herz mit ein. Mit innerer Disziplin können Sie Ihre gesamte geistige Einstellung selbst entwickeln und damit Ihr gesamtes Leben. Also beginnen Sie jetzt, und warten Sie nicht auf einen Startschuss.

| Das Leben besteht nicht aus Selbstmitleid

Viele Menschen fragen erst um Erlaubnis, bevor Sie mit etwas beginnen. Wenn sie diese Erlaubnis nicht bekommen, verharren Sie in Untätigkeit oder verfallen in Selbstmitleid. – Erkennen Sie, dass es anders besser geht! Ändern Sie diese Regeln für sich ab, und arbeiten Sie nicht

5   in Anlehnung an Joseph O'Connor
6   Englischer Philosoph, * 1894, † 1963.

nur für sich allein: Wenn Sie nicht nur sich selbst, sondern Ihr ganzes System mit einbeziehen, können Sie die gesamte Einstellung und das Wertesystem Ihrer Unternehmung wandeln.

«Die innere Disziplin kann sich auf viele Dinge und Methoden erstrecken. Im Allgemeinen beginnt man jedoch mit der Identifizierung der Faktoren, die zu Glück führen, und jener, die Leid hervorbringen. Danach werden die Letzteren schrittweise eliminiert und Erstere gepflegt. Das ist der Weg.», bringt es der Dalai Lama auf eine für jeden handhabbare Aussage.

Der erste Schritt, um sein eigenes Leben und das einer Organisation zu verbessern, um gemeinsam eine positive Stimmung zu erreichen, ist also die Identifikation dieser Zustände: Wir müssen begreifen, wie bestimmte Emotionen und Verhaltensweisen sich negativ auf den Gesamterfolg, den Gesamtenergiezustand und das Glück des Einzelnen auswirken.

> *Es war einmal ein Suchender. Er suchte nach einer Lösung für sein Problem, konnte sie aber nicht finden. Er suchte immer heftiger, immer verbissener, immer schneller und fand sie doch nirgends. Die Lösung ihrerseits war inzwischen schon ganz außer Atem. Es gelang ihr einfach nicht, den Suchenden einzuholen, bei dem Tempo, mit dem er hin- und herraste, ohne auch nur einmal zu verschnaufen oder sich umzusehen. Eines Tages brach der Suchende mutlos zusammen, setzte sich auf einen Stein, legte den Kopf in die Hände und wollte sich eine Weile ausruhen. Die Lösung, die schon gar nicht mehr daran geglaubt hatte, dass der Suchende einmal anhalten würde, stolperte mit voller Wucht über ihn! Und er fing auf, was da so plötzlich über ihn hereinbrach und entdeckte erstaunt, dass er seine Lösung in Händen hielt.*

(Autor unbekannt)

Das Prinzip der Kausalität

Die Motivation ist die durch das
Erkennen hindurch gehende
Kausalität.

Arthur Schopenhauer[7]

Viele Firmen dulden Formen des Mobbing, die so genannte Gerüchteküche, unlautere Praktiken, Respektlosigkeit, lasche Disziplin und nehmen sie als Status Quo hin. Schaffen Sie diese Praxis sehr schnell ab, und gehen Sie mit gutem Beispiel voran. Sonst wird bald die gesamte Firmenausrichtung negativ behaftet sein: Der Zusammenhalt unter den Mitarbeitern schwindet, Konflikte nehmen zu, Menschen schrauben ihre Arbeitsleistung zurück und flüchten schließlich in Krankheit oder arbeiten versteckt gegen das Unternehmen.

Unterstützen Sie auf der anderen Seite die vorteilhaften Aspekte: Nutzen Sie positiv wirkende Emotionen. Fördern, fordern und hegen Sie es, wenn Ihre Mitarbeiter bereit und entschlossen sind, freundlich miteinander umzugehen und sich gegenseitig zu helfen.

Im Buddhismus und in einigen westlichen Glaubensformen ist das Prinzip der Kausalität ein Naturgesetz. Wenn Sie nun erkennen, dass bestimmte Ereignisse, Verhaltensweisen oder Gedanken sich negativ auf Ihr eigenes Glück oder das Ihrer Umgebung auswirken, dann müssen Sie bis zum ursprünglichen Grund für diese Verhaltensweise vorstoßen und ihn beseitigen.

| Achten Sie besonders auf Ihr eigenes Verhalten

Am wichtigsten ist auf jeden Fall, dass Sie Ihr Leben jetzt und in Zukunft bewusst leben und dies Ihren Mitmenschen zeigen. Diese reagieren auf alle Ihre Verhaltensweisen. Es ergibt sich eine lange Kette von Aktionen, die sich gegenseitig beeinflussen und zu einem Ergebnis führen, das Ihre Vision entweder fördern oder blockieren kann. Achten Sie deshalb immer – und ganz besonders bei einer Unternehmensrevitalisierung – auf Ihr eigenes Verhalten. Behalten Sie ständig im Auge, wie sich Ihre Aktionen auf Ihre Mitmenschen auswirken.

---

7   Deutscher Philosoph, * Danzig, 22. 2. 1788, † 21. 9. 1860.

Negative Aktionen von Ihnen potenzieren sich durch Gegenreaktionen und Handlungen anderer. Sie bekommen «Kinder». Bestimmtes Fehlverhalten stört den Energiehaushalt der gesamten Unternehmung empfindlich. Folgendes Beispiel belegt dies: Ein Unternehmer versandte an einem Tag 120 Kündigungen wegen angeblich schlecht laufender Geschäfte. Kurz darauf stellte sein Händler ihm seinen neuen 600er Mercedes als einen der ersten in Deutschland auf den Hof. Der Unfrieden war vorprogrammiert. Ein anderes Beispiel: In einem Unternehmen standen Kündigungen an, es fanden Verhandlungen über einen Sozialplan statt. Zur selben Zeit flatterten im Wochenrhythmus Beraterrechnungen in Höhe von fünf Angestellten-Monatsgehältern offen per Fax ins Haus. Auch hier war der Unfrieden vorprogrammiert.

Ethisches Verhalten fördern

Viele alte Weisheiten werden heute nicht mehr von Generation zu Generation weiter vermittelt. Wir haben verlernt, wie Brot und Butter hergestellt werden, die nächste Generation wird nicht mehr wissen, wie sie sich eigene Nahrung zubereitet und ausschließlich zu portionierten Tiefkühl- und Mikrowellenwaren greifen oder beim Pizzaservice ordern.

Genauso wissen viele Menschen nicht mehr um die interaktiven Vorgänge in einer Gemeinschaft. Ohne moralische Instanzen als Rahmenbedingungen verliert die unternehmerische genauso wie die politische oder die familiäre Gemeinschaft Ihre Werte. Die Chinesen sagen dazu: «Der Fisch stinkt vom Kopf!» Damit Sie Ihre Vision umsetzen können, ist es für Sie aber wichtig, dass möglichst viele Menschen an einem Strang ziehen. Regen Sie deshalb einen Geist der Zuversicht an!

Zuversicht fördern

Ein Mensch, der Selbstvertrauen hat,
kann das Vertrauen anderer
erwerben.

Vera F. Birkenbihl[8]

◆ Hören Sie auf, sich unnötige Sorgen zu machen!

Sich unnötige Sorgen zu machen und dies öffentlich zu zeigen ist völlige Zeitverschwendung! Davon wird nichts besser, aber vieles schlechter. Denn wenn Sie sich Sorgen machen, trägt das, was Sie tun, die Energie der Sorge und nicht die der Zuversicht. So verbreiten Sie Unruhe, wenn Sie sich Sorgen machen, und erzeugen viel geistige Unordnung bei sich und Ihren Mitmenschen, so dass niemand klar denken kann.

Sie können es lernen, sich keine Sorgen mehr zu machen: Dazu müssen Sie begreifen, dass Sie in alles, worauf Sie Ihre Aufmerksamkeit richten, Energie stecken. Deshalb gehen umso mehr Dinge schief, je mehr Sorgen Sie sich machen! Die Gewohnheit, sich Sorgen zu machen, ist in unseren Breitengraden eine Epidemie. Sie ist so fest verwurzelt, dass wir uns bewusst umtrainieren müssen. Reicher zu werden allein ist dabei allerdings kein Heilmittel, denn damit beginnen oft erst unsere Sorgen.

Wann immer Sie sich also dabei ertappen, dass Sie sich Sorgen machen, halten Sie inne und denken Sie bewusst an etwas anderes. Richten Sie Ihre Energie auf das, was nach Ihrem Willen geschehen soll, und nicht auf das, was geschehen könnte. Denken Sie an Menschen oder Dinge, die Ihnen Freude machen, zum Beispiel an die Menschen, die Sie unterstützen, oder an diejenigen, die Sie lieben.

Wenn Sie oder andere in Ihrem Unternehmen laut vor anderen Ihre Sorgen äußern, dann stoppen Sie diese Gespräche. Manchmal allerdings ist ein «Rädelsführer» auch durch Ermahnungen nicht von seinem Verhalten abzubringen. Dann müssen Sie sich wohl oder übel von ihm trennen. Warum? Ein destruktives Pausengespräch vernichtet viele Stunden wertvoller Arbeit, die Sorgen vergiften das Klima und führen zu Blockaden. Der Energiehaushalt aller anderen geht in den Keller und lässt sich nur mühsam wieder aufbauen. Diese negativen

---

8   Erfolgstrainerin: www.birkenbihl-inside.de.

Empfindungen wieder auszugleichen raubt Ihnen Ressourcen und kostet Zeit.

◆ **Hören Sie auf mit verletzender Kritik und Verurteilungen!**

Verletzende Kritik und Verurteilungen sind ebenfalls völlige Zeitverschwendung. Oft sind die Dinge, die Sie an anderen kritisieren, diejenigen, die Sie an sich selbst nicht mögen. Harte Worte rufen offene oder versteckte Gegenreaktionen hervor. Sie lenken vom gemeinsamen Ziel ab und eröffnen Nebenkriegsschauplätze. Vergessen Sie nie: Wir sehen immer nur unsere Seite der Medaille, also nur einen Ausschnitt des Ganzen. Ein Alchimedus lernt, komplexes Verhalten zu durchschauen. Er vermag auch alternative Szenarien durchzuspielen. Als Alchimedus sind Sie daher bereit, in einer Debatte vorgeprägte Denkmuster aufzugeben. Sie unterstützen Ihre Mitstreiter durch konstruktive Kritik und Hilfestellung. Das gemeinsame Ziel steht im Vordergrund.

Wenn Sie diesen Rat beherzigen, werden die Menschen Ihren Ansichten gern folgen, es wird ein anderer Geist in Ihrem Unternehmen einziehen, und die nachfolgenden Schritte werden einfacher.

◆ **Geben Sie das Tratschen auf!**

Bringen Sie sich und andere nicht ständig mit Getratsche aus der Ruhe – das nimmt Ihnen die Zeit für Wichtigeres. Sie vergeuden Ihre Energie und vermitteln den Eindruck, dass in Ihrem Leben wenig Bedeutsames geschieht. Konzentrieren Sie sich also auf das Wesentliche: auf Ihre Vision. Treten Sie anderen Tratschern entschieden entgegen, lassen Sie sich nicht in Klatsch- oder Skandalgeschichten verstricken, und hören Sie auch nicht darauf. Es zeugt von Ihrer Integrität, wenn Sie niemals etwas über jemanden sagen, das Sie ihm nicht auch direkt ins Gesicht sagen würden.

◆ **Stöhnen und klagen Sie nicht!**

Wenn Sie ständig stöhnen, klagen oder schimpfen, beeinträchtigt das Ihre Gedanken und Ihre Gespräche so sehr, dass niemand mehr in Ihrer Nähe sein will. Richten Sie Ihre Aufmerksamkeit statt dessen auf Dinge, für die Sie dankbar sind. Als ob eine höhere Macht am Werke wäre, werden die Dinge sich dann zusammenfügen und gut gelingen. Unterbinden Sie es deshalb auch, wenn andere stöhnen und klagen.

◆ Pflegen Sie Disziplin und Freude

Damit Ihnen Ihre Unternehmung nicht aus dem Ruder läuft, müssen Sie die Rahmenbedingungen gestalten. Das tun Sie häufig in einem gemeinschaftlichen Prozess. Innerhalb dieses Rahmens können sich dann alle Kräfte wie Disziplin und Freude positiv entfalten und wachsen.

Andere an Bord holen

Persönlichkeit beginnt dort, wo persönliche Freundschaft zum ersten Mal entsteht.

Konrad Lorenz[9]

Als Alchimedus wissen Sie, dass alles, was Sie tun, Auswirkungen auf Ihre Umgebung hat. Damit andere Ihrem Vorbild folgen, müssen Sie Ihrer Linie treu bleiben: Nur dann erkennt jeder Sie wieder und vertraut Ihnen. Sie entwickeln damit Ihre eigene Identität und die Identität Ihrer Firmenkultur.

Auch für die Umsetzung Ihrer Vision ist es wichtig, dass Sie andere mit einschließen und zum Handeln inspirieren. Denn allein werden Sie Ihr Ziel kaum erreichen, sondern Sie werden auf dem Weg dorthin Mitstreiter benötigen. Das heißt, dass Sie nur durch andere und mit anderen gemeinsam erfolgreich sein und Ihre Träume Wirklichkeit werden lassen können. Suchen Sie sich also Verbündete im Unternehmen, die Ihren Traum mit leben und zum Erfolg führen. Welche Rolle Vertrauen dabei spielen kann, zeigt das Harlac Projekt von Jack Welch, der über 20 Jahre den Weltkonzern General Electric führte:

---

9   Österreichischer Verhaltensforscher, * Wien, 7. 11. 1903; † Altenberg an der Donau, 27. 2. 1989.

Es sollte eine revolutionäre Glühbirne werden. Am Ende hatte das Projekt 50 Millionen Dollar verschlungen – aber es scheiterte. Der Grund: Kein Käufer wollte fast elf Dollar für eine Glühbirne bezahlen, egal wie neuartig sie auch sein mochte. Normalerweise hätte man die Verantwortlichen für diesen Fehlschlag gefeuert oder auf andere Weise «abgestraft». Welch aber handelte anders: Er feierte die enormen Anstrengungen der Beteiligten mit Managementauszeichnungen! Teilweise beförderte er sie sogar. Er wollte allen zeigen, dass General Electric es würdigte, wenn Mitarbeiter für ein großes Projekt alles gaben, auch wenn es scheiterte. So baute Welch eine Unternehmenskultur auf, die den Nährboden für außerordentliche Leistungen bot. Seine Ernte dafür hat er später eingefahren, wie die erfolgreiche Entwicklung von General Electric zeigt. Sein Führungsstil offenbart die weite Sicht, die sich ein Alchimedus insbesondere im Umgang mit Menschen aneignen sollte.

| Nehmen Sie andere mit auf die Reise

Teilen Sie Ihre Vision mit anderen: Der Alchimedus zeigt das Ziel, die Gemeinschaft findet den Weg dorthin gemeinsam. Letztendlich tragen alle gemeinsam die Vision, und nur so erlangt sie Gestalt. Dafür müssen Sie die anderen verstehen und mit ihnen mitfühlen.

Mitgefühl

*Wir haben den größten Teil unserer
Gefühle durch Angst ersetzt.*

Paulo Coelho

Gehen Sie bei Ihrer Tätigkeit mit großer menschlicher Güte vor und fühlen Sie mit anderen mit. Zwei-Klassen-Denken und unaufrichtige Aussagen oder Handlungen verhindern einen Gesamterfolg Ihrer Maßnahmen. Wenn Sie die Menschen nicht in einem positiven Licht sehen, wie soll dann Verbundenheit entstehen?

Mitgefühl und Aufrichtigkeit öffnen die Herzen

Pflegen Sie Mitgefühl, Wärme und liebende Güte, so öffnet sich automatisch Ihre innere Tür. Dadurch können Sie leichter mit anderen Leuten kommunizieren. Sie werden feststellen, dass viele Menschen genauso sind wie Sie und dass Sie sich leicht mit ihnen verbinden können. Das schafft einen Geist von Freundschaft und Vertrauen. Sie haben weniger Anlass dazu, Dinge zu verbergen. Gerade bei Unternehmenskrisen und den damit einhergehenden Maßnahmen kommt es zu menschlichen Härten, die sich durch Mitgefühl viel besser auffangen lassen. Wandel braucht Zeit und kommt nicht über Nacht. Echte innere Wandlung aber hilft, Glück und Erfolg zu entfalten, Trägheit, Unsicherheit und andere schädliche Geisteszustände dagegen zu beseitigen. Ihr gesamter Energiehaushalt und der Ihres Unternehmens wird sich im Geist des Mitgefühls zum Positiven wenden. Dr. Avi Karni vom National Institute of Mental Health in Bethesda, Maryland, hat gezeigt, dass wir durch stetige Übung sogar neurologische Veränderungen herbeiführen können: Alles, wofür wir dankbar sind, heilt – so bringt es der amerikanische Arzt Demartini auf den Punkt.

Kommunikation klären

Dass wir miteinander reden können,
macht uns zu Menschen.

Karl Jaspers[10]

Sie befinden sich auf einer Reise. Das Ziel ist Ihre Vision. Sie wollen möglichst viele Menschen auf diese Reise mitnehmen. Führen Sie sich dabei immer vor Augen, dass nicht alle Ihre Vision teilen, Ihre Beweggründe verstehen oder erahnen. Geben Sie Ihre Informationen immer wieder reichlich weiter, gerade an die «Nichtgläubigen».

Das gelingt Ihnen, indem Sie einfache Botschaften wiederholen, zum Beispiel: «Behandeln wir unsere Kunden wie unsere Freunde!» Wenn Sie diese Botschaften selbst leben, werden die Menschen in Ihrer Umgebung sie ebenfalls verinnerlichen und dann auch glauben.

---

10 Deutscher Psychiater und Philosoph, * Oldenburg, 23. 2. 1883; † Basel, 26. 2. 1969.

Denn viele Menschen nehmen diese Art der Kommunikation gerne an und fühlen sich damit nicht verlassen. Ungelöste Kommunikationsprobleme dagegen kosten Energie, und diese Art von Energiekillern können Sie sich nicht leisten! Nutzen Sie deshalb Einzelgespräche, Gruppengespräche, offizielle Ansprachen oder gemeinsame Essen und Unternehmungen, um solche Probleme zu beseitigen. Oft setzen wir einfach voraus, dass andere denselben Wissens- und Erfahrungsstand besitzen wie wir, aber das ist häufig falsch. Wirken Sie deshalb in Gesprächen ständig darauf hin, Vertrauen und gemeinsame Werte zu schaffen. Teilen Sie Ihre Gedanken und Pläne immer wieder mit. Und lernen Sie aus den Gedanken, Plänen und Taten anderer.

Lernen Sie von anderen

Sorgt dafür, dass ein jeder als individuelle Persönlichkeit geachtet und niemand vergöttert wird.

Albert Einstein[11]

Bei vielen Gelegenheiten werden Sie bemerken, dass andere Ihnen voraus sind. Machen Sie sich das zunutze! Lernen Sie von Menschen, die einen Weg bereits erfolgreich gegangen sind. Das klingt zwar trivial, aber viel zu wenige von uns machen sich die Kraft dieser Tatsache bewusst und nutzen das Wissen anderer entsprechend.

Aufmerksamkeit

Aufmerksamkeit bietet den Schlüssel, um von anderen zu lernen und um uns auch ganz allgemein weiterzuentwickeln. Wenn Sie aufmerksam leben, erkennen Sie auch diejenigen Möglichkeiten, die in Dingen verborgen liegen, welche zunächst trivial erscheinen.

---

11   Deutscher Physiker, * Ulm, 14. 3. 1879; † Princeton. N. J., 18. 4. 1955.

Die Dresdner Hausfrau Melitta Bentz ärgerte sich über den bitteren Kaffeesatz, der ihren Kaffeegenuss trübte. Also dachte sie nach, wie sie dieses Problem beseitigen könne. Mit Hilfe einer gewöhnlichen Blechdose und eines Löschblatts aus einem Schulheft konstruierte sie den ersten Kaffeefilter. Dieser einfachen Idee haben wir heute den modernen Filterkaffee zu verdanken.

Seien Sie also aufmerksam, wo Sie etwas für sich und für andere verbessern können!

Dingen auf den Grund gehen

Oft bedeutet Aufmerksamkeit, dem Wesen der Dinge auf den Grund zu gehen. Hier zeigt sich wieder die alchimistische Wurzel des Alchimedus-Prinzips: Denn die Versuche der Alchimisten, unedle Stoffe (Blei) in edle Materialien (Gold) zu verwandeln, sind nur eine Metapher für die Suche nach dem wahren Wesen der Dinge und ihre Verwandlung in Höheres. Dazu gehört auch, dem Wesen anderer Menschen auf den Grund zu gehen und sich nicht von ihrem Schein blenden zu lassen.

Und für uns selbst bedeutet das: Wir dürfen uns nicht von unseren Ängsten abhalten lassen, unseren Träumen ihren Platz zu gewähren. «Sag deinem Herz, dass die Furcht vor dem Leiden schlimmer ist als das Leiden selbst», spricht der Alchimist in einem Werk von Gail Hudson. Und «dass noch nie ein Herz auf der Suche nach seinen Träumen gelitten hat, weil jede Sekunde der Suche eine Sekunde der Begegnung mit Gott und der Ewigkeit ist».

Deshalb ist es unsere höchste Aufgabe, den wahren Schatz unseres Lebens, unsere ureigene Bestimmung zu finden und zu leben. Wie Richard Rohr sagt: Es ist nicht unsere Aufgabe, wie Mutter Theresa oder Franz von Assisi zu sein – sondern das zu tun, was unseres ist.

Verantwortungsbewusstsein und Ethik

Verantwortungsbewusstsein benötigen Sie, wenn Sie sich selbst und Ihre Mitstreiter entwickeln wollen. Als Alchimedus wissen Sie, dass Sie keinen dauerhaften Erfolg verzeichnen werden, wenn Sie Ihr Umfeld nicht umfassend mit verändern. Das erreichen Sie mit Hilfe einer positiven ethischen Grundhaltung, die Sie mit anderen Menschen verbindet. Diese haben es dann leichter, Ihnen und Ihren Ideen zu folgen.

Ein Alchimedus muss kein charismatischer Guru oder autokratischer Führer sein. Er kann auf leisen Sohlen und gänzlich unbemerkt inspirieren. Er hilft anderen, selbst Erfolge einzufahren, ohne dass dies auf Ihn zurückfallen muss. Er ist Führungspersönlichkeit, entwickelt sich selbst und unterstützt andere in ihrer Entwicklung. Denn eine komplexe Unternehmung lässt sich viel leichter handhaben, wenn nicht einer allein die Strömungen erfasst und Maßnahmen trifft. Deshalb fördert ein echter Alchimedus die Entwicklung von Mitarbeiterinnen und Mitarbeitern, damit sie lernen und dazu beitragen, die Firma für den Wettbewerb zu rüsten: Kluge Führungskräfte erzeugen ein kluges Umfeld, ein kluges Umfeld zieht kluge Mitarbeiter an. Und kluge Mitarbeiter erzeugen wirtschaftlichen Erfolg.

Systemveränderer, echte Führungskräfte werden nicht geboren. Sie wachsen, sie lernen, sie entwickeln sich.

Wohin sie wachsen, erläutert Joseph O'Connor in seiner Aufzählung wichtiger Eigenschaften von Führungspersönlichkeiten:

- Selbsterkenntnis

- realistische Einschätzung von Fähigkeiten und Entwicklungspotenzialen

- soziale Kompetenz

- ethische Überzeugung

- Glaube an Erfolg

- geeignete Situation im geeigneten Umfeld

Die Forderung und Aufforderung an Sie lautet nun, diese einzelnen Teile miteinander zu Ihrem eigenen, stimmigen Bild zu verbinden. Nur das macht Sie zur echten Führungskraft, einzeln sind die Merkmale unnütz.

Warum das Ganze?

«Ich kann doch Kraft meiner Autorität und meiner Macht alles in meiner Firma entscheiden», sagt der Firmenherrscher. «Ich befehle, was zu tun ist. Das mittlere Management arbeitet unser Vorgehen im Einzelnen aus, und alle anderen tun, was wir befehlen.» – Doch das funktioniert heute nicht mehr!

Märkte verändern sich sprunghaft, das Unternehmen, der Firmenorganismus muss schnell und aktiv agieren. Bis Sie in der Firmenspitze die nötigen Informationen gesammelt und auf ihrer Grundlage entschieden haben, sehen die äußeren Umstände wahrscheinlich schon wieder völlig anders aus. Angelegenheiten, die die unteren und mittleren Ebenen betreffen, müssen deshalb aus Zeitgründen direkt dort entschieden werden. Das setzt eine ganz neue Unternehmenskultur voraus. Ein Management mit herkömmlicher Struktur plant und kontrolliert nur, d. h. es reagiert. Seine Manager verwalten, aber sie verändern nicht, sie gestalten nicht, sie führen nicht. Die gewohnten Abläufe sorgen dafür, bekannte Probleme effizient und sorgfältig abzuarbeiten. Was aber passiert bei plötzlichen Veränderungen? Wie schnell erhalten die Unternehmen entsprechende Informationen und werten sie aus?

Effizienter und schneller geht es, wenn Ihre Mitarbeiter vor Ort fähig und befugt sind, Entscheidungen zu treffen. Aber wie fördern Sie diese Fähigkeit Ihrer Mitarbeiter? – Hier erkennen Sie eine Ihrer zukünftigen Hauptaufgaben als Alchimedus: Werden Sie zum Führer und Visionär, motivieren Sie im Geiste und in der Tat, gehen Sie mit gutem Beispiel voran und reißen Sie Ihre Mitmenschen mit. Dann werden Ihre Mitarbeiter selbstständig und aus eigenem Antrieb ihr Wissen einbringen und Ihr Unternehmen managen.

So machen Sie aus Ihrem komplexen Unternehmenssystem schlagkräftige Einheiten, die sich laufend weiterentwickeln und auch die Reaktion der Wettbewerber auf eigene Aktionen einrechnen. Alle beeinflussen sich im Netzwerk gegenseitig: Ihre Gewinnstrategie wird nur solange von Erfolg gekrönt sein, bis andere sie nachahmen und verbessern. Wenn Sie unter diesen Voraussetzungen Ihre Mitarbeiter dafür begeistern, alchimedisch zu handeln, können Sie sich in der Evolution erfolgreich bewähren.

Hartnäckigkeit, Disziplin und Geduld

Die Hälfte des Lebens ist Glück, die
andere Disziplin – und die ist
entscheidend; denn ohne Disziplin
kann man mit seinem Glück nichts
anfangen.

Carl Zuckmayer[12]

Wenn Sie Ihrem Traum folgen, sind Hartnäckigkeit, Disziplin und Geduld wichtige Eigenschaften. Wie bei Paulo Coelhos «Alchimisten», der sich als kleiner Schafhirte entschließt, seinem Traum zu folgen. Obwohl er bislang ein gemütliches Leben geführt hat, entscheidet er sich nun für eine unsichere Zukunft. Er läuft bis zu den Pyramiden, um dort zu erkennen, wo er den wahren Schatz seines Lebens findet. Eigentlich ist es einfach, sich auf den Weg zu machen – wir müssen es nur wollen. Unser wahrer Schatz ist schon bei unserer Geburt in uns angelegt.

Exkurs: «Der Alchimist» von Paulo Coelho
Paulo Coelho erzählt in diesem Roman die Geschichte des
andalusischen Hirten Santiago, der immer wieder von einem in
Ägypten vergrabenem Schatz träumt. Eines Tages macht sich
der junge Mann auf den Weg, um seinen Schatz zu suchen.
Seine Reise führt ihn zunächst nach Tanger, dann durch die
Wüste und in Oasen, bis er endlich Ägypten erreicht. Dabei
begegnet er immer wieder Menschen, die ihn ermutigen, sein
Lebensziel nicht aufzugeben.
Zu diesem Personenkreis gehört auch ein alter König: «,Ich
bin der König von Salem.', hatte der Alte behauptet. ,Wieso
unterhält sich ein König mit einem einfachen Hirten?', fragte
der Jüngling beschämt und verwundert. ,Dafür gibt es mehrere
Gründe. Der Hauptgrund liegt darin, dass du es geschafft
hast, deinem persönlichen Lebensweg zu folgen.' Der Jüngling
wusste nicht, was sein persönlicher Lebensweg war. ,Es ist das,
was du schon immer gerne machen wolltest. Alle Menschen
wissen zu Beginn ihrer Jugendzeit, welches ihre innere Bestim-

---

12 Deutscher Schriftsteller, * Nackenheim, 27. 12. 1896; † Visp (Wallis), 18. 1.
    1977.

mung ist. In diesem Lebensabschnitt ist alles so einfach, und sie haben keine Angst, alles zu erträumen und sich zu wünschen, was sie in ihrem Leben gerne machen würden. Indessen, während die Zeit vergeht, versucht uns eine mysteriöse Kraft davon zu überzeugen, dass es unmöglich ist, den persönlichen Lebensweg zu verwirklichen.'"

«‚Mein Herz fürchtet sich vor dem Leiden.', sagte der Jüngling zu einem alten Alchimisten, eines Nachts, als sie in der Wüste den mondlosen Himmel betrachteten. ‚Dann sag ihm, dass die Angst vorm Leiden schlimmer ist als das eigentliche Leid. Und dass noch kein Herz gelitten hat, als es sich aufmachte, seine Träume zu erfüllen, denn jeder Augenblick des Suchens ist ein Augenblick der Begegnung mit Gott und der Ewigkeit.'»

Alle Menschen, denen Santiago auf seiner Reise schicksalhaft begegnet, lehren ihn, auf Zeichen zu achten: Zeichen, die aus dem Verborgenen kommen und nur mit allen Sinnen wahrgenommen werden können. In der märchenhaften Umgebung einer großen Oase lernt er seine große Liebe, die Wüstentochter Fatima, kennen. Obwohl ihn die Liebe zu ihr in Versuchung führt, für immer in der Oase zu bleiben, bricht er schließlich doch gemeinsam mit einem alten Alchimisten zum letzten Teil seiner Reise auf. Er folgt seiner Bestimmung, allerdings voller Traurigkeit. «‚Denke nicht an das, was wir zurücklassen.', sagte der Alchimist, als sie durch den Wüstensand ritten. ‚Alles ist in der Weltenseele eingraviert und wird für immer dort bleiben.' ‚Die Menschen träumen mehr von der Rückkehr als von der Abreise.', meinte der Jüngling, der sich schon wieder an die Stille der Wüste gewöhnte. ‚Wenn das, was du gefunden hast, echt ist, dann wird es nie vergehen. Und du kannst eines Tages zurückkehren. Wenn es jedoch nur ein Lichtmoment war, wie eine Explosion eines Sternes, dann findest du beim Wiederkommen nichts mehr vor. Aber du hast eine Lichtexplosion erlebt, und das allein hat sich bereits gelohnt.'»

Dieser kurze Auszug verdeutlicht die Botschaft des gesamten Romans: Lebe deinen Traum! Setze dich standhaft für das ein, woran du glaubst, lasse dich nicht beirren! Wenn du etwas wirklich tun willst, wirst du es schaffen!

Dafür gilt allerdings: Lernen allein genügt nicht, um sich immer höher und weiter zu entwickeln. Das Lernen zu lernen ist wichtig, das Leben zu lernen noch viel wichtiger – ein einfacher Satz, doch wie schwer ist er im Alltag umzusetzen! Er erfordert Selbstdisziplin und Mühe, um später die Früchte der Arbeit ernten zu können.

Thomas Alva Edison etwa war selbst nach 3000 Versuchen noch nicht entmutigt und erfand schließlich die erste Glühbirne. Walt Disney war auf der Suche nach Geldgebern, die seine Vision, einen Vergnügungspark oder – wie er es nannte – «den glücklichsten Ort auf der Welt», unterstützen sollten. Er erhielt 302 Absagen, bevor er endlich eine Bank fand, die sein Vorhaben finanzierte.

Wo also sind Sie so sehr bei der Sache, dass Sie auch nach vielen vergeblichen Versuchen noch weitermachen?

Motivation und Glauben

Das Ziel des christlichen Lebens ist nicht, irgendwelche Normen zu erfüllen und daran gemessen zu werden, sondern das Wachsen in der Gestalt, die Gott jedem von uns zugedacht hat.

Anselm Grün[13]

Ihre Vision könnte lauten: «Ich bin kein Schauspieler mehr, sondern werde Menschen in Äthiopien helfen!» oder «Wir werden die Krankenkasse zu einer Gesundheitskasse umbauen!» oder «Wir werden das erste berührungskalte Bügeleisen auf den Markt bringen!» oder einfach: «Wir werden ein tolles Team zusammenstellen und anerkannt gute Produkte herstellen». Die Kraft für die Hartnäckigkeit, mit der Sie Ihre Vision Wirklichkeit werden lassen, liefern Ihnen Ihre Motivation und Ihr Glaube. Mit Ihren inspirierenden Worten, Gefühlen und Taten wirken Sie auch auf andere, so dass diese Sie unterstützen: Jeder arbeitet gern an etwas Sinnstiftendem mit. Deshalb werden die Menschen in Ihrer Umgebung sich Ihnen anschließen. Glauben Sie daran! Dann werden Sie auch Tiefs und Zweifel überstehen.

---

13 Mönch und Cellerar der Benediktinerabtei Münsterschwarzach,
   * Junkershausen, 14. 1. 1945.

Eine Geschichte aus Indien
Es gab in Indien den Tempel der tausend Spiegel. Er lag
hoch oben auf einem Berg, und sein Anblick war gewaltig.
Eines Tages kam ein Hund und erklomm den Berg. Er lief
die Stufen hinauf und betrat den Tempel. Als er in den Saal mit
den tausend Spiegeln kam, sah er tausend Hunde. Er bekam
Angst, sträubte sein Nackenfell, knurrte furchtbar und
fletschte die Zähne. Und tausend Hunde sträubten das
Nackenfell, knurrten furchtbar und fletschten die Zähne.

Voller Panik rannte der Hund aus dem Tempel und glaubte von
nun an, dass die ganze Welt aus knurrenden, gefährlichen und
bedrohlichen Hunden bestehe.

Einige Zeit später kam ein anderer Hund und erklomm den
Berg. Auch er lief die Stufen hinauf und betrat den Tempel. Als
er in den Saal mit den tausend Spiegeln kam, sah auch er tau-
send andere Hunde. Er aber freute sich: Er wedelte mit dem
Schwanz, sprang fröhlich hin und her und forderte die Hunde
zum Spielen auf.

Dieser Hund verließ den Tempel mit der Überzeugung,
dass die ganze Welt aus freudigen, fröhlichen Hunden bestehe,
die ihm wohl gesonnen seien.

Um Ihre Vision umzusetzen, müssen Sie daran glauben, dass sie richtig ist, aber auch Disziplin, Ausdauer und Motivation für Ihr konkretes Projekt sind unabdingbar: Zuerst sehen Sie nur einen Umriss, dann entwickeln Sie immer mehr Details. In gemeinsamer Arbeit fügen Sie neue Aspekte hinzu, wägen Chancen und Risiken aus allen Perspektiven ab, nicht nur aus Ihrer eigenen. Sie betrachten Ihre Idee von mehreren Seiten und können sie so immer besser überblicken und ihre Machbarkeit einschätzen.

Dabei wird es Ihnen auch gelingen, Ihre Vision so eindrücklich zu formulieren, dass sie alle anderen dafür begeistern können: Was wollen Sie einmal sein? Wie wird Ihre Firma aussehen? Was ist die Grundlage, was Ihre Motivation? Formulieren Sie Ihre Idee so klar und einfach, dass jeder sie versteht, und doch so vage, dass andere Menschen sie selbst leben und ihr ein Zuhause geben können. Wenn Sie Ihre Vision klar formulieren, beginnen Sie und andere von selbst, danach zu handeln.

Oft steht am Anfang einer solchen alchimedischen Reise ein äußeres Ereignis wie Konkurs, Tod eines Nahestehenden, Arbeitslosigkeit, Streit oder auch Überdruss. Die Energie für den Aufbruch entstammt jedoch Ihrer inneren Überzeugung. Damit Sie sich auf Ihre Reise begeben können, ist es unerheblich, was Sie heute sind. Entscheidend ist, dass Sie wissen, was Sie wollen. Nur so erzeugen Sie die Motivation für Höchstleistungen in Kunst, Wirtschaft, Philosophie und anderen Bereichen. Sie brauchen keine Zeugnisse, keine mit Autorität ausgestattete Stellung, um der Stein des Anstoßes zu sein und die Räder ins Rollen zu bringen. Sie benötigen nur Ihre eigene Erlaubnis. Denn der Same Ihrer Vision verbreitet sich auch ohne Absegnung von oben. Sind die Zeit, das Klima und der Boden günstig, beginnt er zu wachsen und zu blühen. Der Same selbst aber war schon immer in Ihnen angelegt. Haben Sie Ihr Ziel – Ihre Vision – erst einmal in Ihrem Unterbewusstsein verankert, so wird dieses ohne Ihr bewusstes Zutun vieles erfolgreich für Sie erledigen.

Nehmen Sie also Ihren Lebensplan in die Hand, ziehen Sie Ihre Wanderstiefel an, markieren Sie Ihr Ziel und marschieren Sie los in eine unbekannte Zukunft!

Meilensteine setzen

Wer einen großen Sprung machen
will, muss einige Schritte
zurückgehen.

nach Bertold Brecht[14]

Wichtig ist, dass Sie Ihre Vision auch wirklich erreichen können. Arbeiten Sie sie deshalb genau aus, konkretisieren Sie die Zielvorstellungen und führen Sie Ihre Mitmenschen über Meilensteine dorthin. Teilen Sie die Zeit, bis Sie Ihre Vision erreicht haben, in realistische Häppchen auf: Zu kurz ist nicht gut, weil die Meilensteine Sie dann nicht genug fordern, damit Sie hinterher stolz sind auf das, was Sie erreicht haben. Zu lang sollten sie aber auch nicht sein, weil sonst niemand zu Ihrer Reise aufbricht, da das Ziel unerreichbar scheint.

An den Meilensteinen können Sie kleine und größere Etappensiege feiern und dabei Ihren Mitstreitern und Weggenossen immer wieder

---

14 Deutscher Schriftsteller, * Augsburg, 10. 2. 1898; † Berlin, 14. 8. 1956.
     Vollständiges Zitat: «Aber wer den großen Sprung machen will, muss einige
     Schritte zurückgehen. Das Heute geht gespeist durch das Gestern in das
     Morgen.»

neue Kraft vermitteln. Sie motivieren sie und muntern sie auf, so dass sie noch viel mehr leisten werden. Damit honorieren Sie Erfolge und schaffen Vertrauen und Identität auf dem Weg zum gemeinsamen Ziel. Formulieren Sie Leit- und Glaubenssätze und definieren Sie Ihr Ziel klar. Aber seien Sie nicht zu kompromisslos: Beobachten Sie Ihren Weg und ändern Sie Ihre Strategie, wenn Sie es für nötig halten.

Ziele sind Träume mit einem festen Termin.

Joseph O'Connor[15]

Ihre Vision ist kein detaillierter Plan, aber sie gibt eine Richtung vor. Paulo Coelhos Santiago beschließt, im fernen Ägypten einen Schatz zu finden, seinen Schatz. Dazu begibt er sich zunächst auf die Reise und wagt den Schritt von Spanien nach Afrika über die Meerenge von Gibraltar. Seine Vision beseelt ihn und trägt ihn dorthin. Was für einen einzelnen gilt, trifft auch auf ein ganzes System zu – mit einem Unterschied: Sie müssen Ihre Mitreisenden begeistern und inspirieren!

Beantworten Sie sich und Ihrer Organisation deshalb folgende Fragen so konkret wie möglich:

◆ Wohin soll unsere Reise gehen?

◆ Wie kommen wir am besten dorthin?

◆ Was müssen wir mitnehmen, damit wir Erfolg haben?

◆ Was sind die für uns bestimmenden und nicht zu ändernden Regeln und Werte?

◆ Wann haben wir unser Ziel erreicht? Wie messen wir den gesamten Erfolg und den der Teilschritte?

◆ Wieviel Zeit benötigen wir für unsere Reise?

◆ Sind wir bereit? Wollen wir die Reise wirklich angehen?

Wenn Sie zu der Überzeugung gelangen, dass Sie Ihre Vision umsetzen können, dann teilen Sie Ihren Plan mit anderen. Rufen Sie den Wind des Wandels, und versetzen Sie das ganze Meer in Bewegung. Bringen Sie die große Welle der Revitalisierung in Gang, und fördern Sie Innovationen als Motor der Erneuerung und des Wandels.

─────

15   Irischer Schriftsteller, * Dublin, 1963.

Innovation fördern – die Kraft der Erneuerung

Existenz ist Wandel, Wandel
Reifung, Reifung ewige
Selbsterneuerung.

Henri Bergson[16]

Der Alchimedus-Weg beruht auf Innovationen. Im Bereich der Wirtschaft beruhen Innovationen auf einer langjährigen nationalökonomischen Tradition. Joseph A. Schumpeter (1883–1950) hat zu diesem Thema zeitlose Erkenntnisse geliefert.

Der Beitrag Schumpeters

Ein großer Mann ist ein kleiner
Mann, der etwas als erster tut.

Benjamin Franklin[17]

Wer ein Unternehmen revitalisiert, wendet das Alchimedus-Prinzip in einem besonders schwierigen unternehmerischen Bereich an: Die Revitalisierung von Unternehmen ist die Königsdisziplin der Betriebswirtschaft. Meistens droht Insolvenz, die Zeit ist knapp, der Druck hoch. Deshalb erfolgt sie sehr pragmatisch und vereint alle Ansätze und Methoden moderner Unternehmensführung. Alle Kräfte wirken zusammen, um aus dem alten Unternehmen ein neues zu schaffen. Im Mittelpunkt stehen neue Ideen und Konzepte sowie der Mut, die Fähigkeit und der Wille, diese am Markt durchzusetzen.

Wie das funktionieren kann, hat Joseph Schumpeter schon 1917 zeitlos festgestellt: Der Kreislauf der Wirtschaft enthält demnach nichts, was sich aus sich selbst heraus entwickelt. Niemandem ist es vorbestimmt, für immer reich zu sein und an der Spitze der wirt-

---

16 Französischer Philosoph, * Paris, 18. 10. 1859; † ebenda, 4. 1. 1941.

17 US-amerikanischer Politiker, Schriftsteller und Naturforscher, * Boston, 17. 1. 1706; † Philadelphia, 17. 4. 1790.

schaftlichen Entwicklung zu stehen. Sowohl während er wächst als auch während er verfällt, verändert sich ein Organismus, auch ein wirtschaftlicher, laufend und unaufhaltsam. Von außen betrachtet, mag er zwar statisch wirken, aber über einen längeren Zeitraum hin ist er dies keinesfalls. Worauf beruht nun diese Entwicklung, wenn die grundlegenden Faktoren wie Bevölkerung, soziale und politische Organisation gleich bleiben? Was ist der Motor für die wirtschaftliche Entwicklung und die Entfaltung einer Nationalwirtschaft? Und womit beginnen sie?

Solche Entwicklungsschübe treffen oft ein, wenn sich das Wirtschaftsgefüge spontan verändert, wenn Produktionsmittel überraschend in einer neuen Kombination zusammentreffen und die Wirtschaftsdaten sich dadurch verschieben. Bei dieser Neukombination handelt es sich um eine Innovation, die sich nach Schumpeter aus folgenden Bestandteilen zusammensetzen kann:

◆ Sie stellen ein neues Gut her, das die Konsumenten noch nicht kennen, oder Sie produzieren ein bekanntes Gut in neuer Qualität, zum Beispiel ein berührungskaltes Bügeleisen.

◆ Sie führen eine neue Produktionsmethode ein, die der betreffende Industriezweig noch nicht praktisch anwendet. Sie muss nicht auf einer aktuellen wissenschaftlichen Entdeckung beruhen, sondern es kann sich auch um eine neue Art und Weise handeln, wie Sie eine bekannte Anwendung kommerziell nutzen, zum Beispiel die Lenkung von Rohstofftransportern mit einem Lichtstrahl.

◆ Sie erschließen neue Absatzmärkte, die das betreffende Produkt vorher noch nicht kannten, zum Beispiel Vertrieb von Mozartkugeln in Indonesien.

◆ Sie eröffnen eine neue Bezugsquelle für Rohstoffe oder Halbfabrikate, die Sie entweder neu schaffen oder die vorher schon existierte, allerdings bislang unzugänglich war, zum Beispiel Einführung eines neuen Trägermaterials für Computerchips in der Halbleiterindustrie.

◆ Sie organisieren Ihr Unternehmen neu, zum Beispiel indem Sie von Fließfertigung auf Gruppenfertigung umstellen.

Wie sollen Sie es schaffen, Ihre Produktionsmittel neu zu kombinieren? Unabdingbar dafür sind ausreichendes Kapital und geeignete

Menschen, wir wollen sie Alchimedus nennen. Beide, Kapitalgeber und Alchimedus, kennzeichnen nicht nur die wirtschaftliche Entwicklung, sondern stellen auch Ursache und treibende Kraft dar.

Wenn Sie sich also über einen Finanzier (zum Beispiel einen Risikokapitalgeber[18]) Kapital beschaffen, erhalten Sie durch das vermittelte Kapital (zum Beispiel als Kredit) die Verfügungsgewalt über Ihre Produktionsmittel. Als innovativer Alchimedus nutzen Sie diese Situation und setzen mit Hilfe des Kapitals die neue Kombination von Produktionsmitteln am Markt um.

Heinrich Maria Ledig-Rowohlts sensationeller Durchbruch nach dem Krieg etwa beruhte vor allem auf einer einfachen und zugleich genialen Idee: der Idee des Rotationsromans, also des Taschenbuchs. Geld für Innovationen zu erhalten, war nie leicht, auch damals nicht. Ledig-Rowohlt weiß davon anschaulich zu berichten: «In Stuttgart führte ich einem Bankier von der Deutschen Bank ein Muster der neuen Taschenbücher vor... Aber er war durch nichts zu überzeugen, weil er sich von der neuen Form nichts versprach. Statt dessen hat er mehrere Millionen einem Kerl gegeben, der in Vasen Radios einbaute und sich davon goldene Berge versprach. Die Firma ging dann pleite, und der Bankier erschoss sich. Wenn er vernünftig gewesen wäre und mir das Geld für die Taschenbücher gegeben hätte, wäre er noch am Leben.»

Nur wenn Sie Innovationen, wie damals das Taschenbuch, nutzen, um sich wirtschaftlich zu entwickeln, können Sie für eine gewisse Zeit mehr Kaufkraft erwirtschaften als üblich. Warum aber ist es für viele Menschen so schwierig, neue Ideen durchzusetzen?

Ständig stehen überall neue Möglichkeiten – neue Produkte, neue Erfindungen, neues Wissen – zur Verfügung. Aber worin besteht das Besondere an dem, was sich durchsetzt? Ganz einfach: Wenn Sie mit dem Strom schwimmen, bedürfen Sie keiner Führung, der breite Fluss gibt den Rahmen vor. Schwimmen Sie aber gegen den Strom, dann schwimmen Sie zur Quelle. Dabei brauchen Sie viel mehr Kraft, echte Führung und Mut, um in das Unbekannte vorzustoßen. Viele Menschen kommen nicht weiter, wo sie die Grenze der Routine überschreiten.[19]

Als Alchimedus bieten Sie diesen Menschen Führerschaft an, um ins Ungewisse vorzustoßen:

———

18 Auch Venture Capitalist oder kurz VC. Meistens verdienen Sie diesen Namen allerdings nicht.
19 **Schumpeter, S. 118.**

◆ Durch Glauben, Disziplin und Hartnäckigkeit schaffen Sie neue Möglichkeiten und setzen sie auch durch.

◆ Falls erforderlich, gehen Sie allein voraus und betrachten Unsicherheit und Widerstand nicht als Hindernisse. Dadurch nehmen Sie andere mit auf Ihre Reise.

◆ Sie folgen Ihrem Traum mit unbeugsamem Siegeswillen.

◆ Sie empfinden Freude am Gestalten.

◆ Sie wirken über ihren persönlichen Umkreis hinaus und schaffen neue Kaufkraft, neue Energie und neuen Wohlstand.

◆ Sie sind Pionier, Revolutionär und Stratege in einem.

Sobald ein Alchimedus sich am Markt durchsetzt, werden ihm andere folgen, und der wirtschaftliche Aufschwung gelingt!

Alchimedus und Strategie – die Kraft vorausschauender Weisheit

*Strategie ist die Wissenschaft von
Zeit und Raum.*

August Graf Neidhardt von
Gneisenau[20]

Sie wollen Ihre Vision im Unternehmen als allgemeine Leitlinie Ihrer Unternehmensstrategie verankern. Nehmen Sie diese Aufgabe für sich an, und verinnerlichen Sie sie – unabhängig von Ihrer Position im Unternehmen!

Der Begriff «Strategie» stammt aus dem Griechischen, wörtlich bedeutet er «Feldherrenkunst». Die «Unternehmensstrategie» umfasst also Menschenführung ebenso wie den richtigen Einsatz aller Ressourcen, Techniken und Materialien. Strategie ist damit in der Betriebswirtschaftslehre die Kunst, einem Unternehmen zu langfristigem Erfolg zu verhelfen[21].

Innovationen entstehen nicht aus dem Nichts. Sie beruhen vielmehr auf dem zielgerichteten Handeln der Entscheidungsträger in den Unternehmen, die sich der Chancen und Risiken neuer Produktideen sehr wohl bewusst sind. Eine Idee, ein Produkt, ein Konzept erfolgreich einzuführen, erfordert den optimalen Einsatz aller Ressourcen. Richten Sie deshalb alle Innovationsaktivitäten auf die strategischen Ziele Ihres Unternehmens aus.

—

20 Preußischer Offizier, * Schildau bei Torgau, 27. 10. 1760; † Posen, 23. 8. 1831.
21 Nach Ansoff.

68

Ohne Vision keine Strategie

*Eine strategische Vision ist ein klares
Bild von dem, was man erreichen
will. Strategisches Planen ist wertlos
– es sei denn, man hat zuerst einmal
eine strategische Vision.*

John Naisbitt[22]

Legen Sie Ihre alchimedische Unternehmensstrategie langfristig an,
und ändern Sie sie nicht ständig. Denn sie beinhaltet viele
verschiedene Entscheidungen, die ganzheitlich wirken: Jede einzelne
Änderung beeinflusst das Ganze. Richten Sie die Strategie an der
Vision Ihres Unternehmens aus, und planen Sie alle Maßnahmen
bewusst so, dass sie in Einklang mit Ihren Unternehmenszielen
stehen. Ohne Vision keine Strategie, ohne Strategie keine geordneten
Aktionen, keine Orientierung an Ihren Zielen – und kein Erfolg!

Das Alchimedus-Prinzip schafft eine sehr unternehmerische und
menschenfreundliche Grundausrichtung von Management und Führung. Sie ist umfassend, ganzheitlich und orientiert an Innovation.
Deshalb umfasst eine alchimedische Gesamtstrategie sämtliche Bereiche, Geschäftsfelder und -funktionen Ihres Unternehmens: «Während
eine Vision die generelle unternehmerische Leitidee ausdrückt, stellt
die Strategie den Weg dar, auf dem das Unternehmen selbst seine
gesetzten Ziele erreichen will.»[23]

Zusammenfassung

Wir haben festgestellt, dass es bei der Entwicklung von Gesell-
schaftssystemen und Unternehmen auf Sie ganz persönlich
ankommt. Die stärkste Kraft des Alchimedus-Prinzips ist deshalb der
«Mensch».

—

22   US-amerikanischer Prognostiker, * 1930.
23   Vahs, D./Burmester, R., 2002. S. 101.

Sind Sie bereit, sich für Ihre Idee, Ihre Vision vollständig einzubringen? Sind Sie bereit, diese Vision nachhaltig zu verfolgen und sie trotz Widerständen durchzusetzen? Sie alleine können alles bewirken – sie müssen es nur wollen!

Zu viele Menschen werden als
Original geboren und sterben als
Kopie.

Pierre Stutz[24]

Im ersten Kapitel haben Sie erfahren, wie Sie mit Ihren persönlichen Voraussetzungen neuen Herausforderungen begegnen: Der Weg zum wahren Glück setzt eine bewusste Entscheidung und einen Stein des Anstoßes voraus. Dann beginnt Ihre Alchimedus-Reise, Ihr persönlicher Lebensweg, der Ihrem Traum folgt.

Alchimedus zu sein bedeutet, mit gutem Beispiel voranzugehen, Visionen sichtbar zu machen, zugleich zu disziplinieren und zu motivieren sowie den Mut zu haben, neue Wege zu gehen. Am Anfang steht die Vision, auf der fortan alles Handeln beruht.

Doch das Alchimedus-Prinzip betrifft nicht nur den Einzelnen, denn niemand kann in der Komplexität des heutigen Geschäftslebens Veränderungen mehr allein bewältigen. Deshalb benötigen Sie als Alchimedus Mitstreiter, die Ihre gemeinsame Vision verinnerlichen und bereit sind, sich dafür einzusetzen. Sie müssen diese Vision als machbar empfinden und sie über einige Meilensteine erreichen können. Ihre Umsetzung schließlich erfordert Transparenz, Disziplin und Ausdauer – persönlich und in der Gemeinschaft.

Fragen zur Kraft «Der Mensch»

1. Verfügen Sie über eine klare Vision?
2. Ist Ihre Vision im Unternehmen bekannt und wird von Ihren Mitarbeitern mitgetragen?
3. Kennen Sie die Ziele und Wünsche Ihrer Mitarbeiter?

---

24 Schweizer Theologe, * 1953.

4. Werden schwierige Themen und Kritik offen in Ihrem Unternehmen angesprochen?

5. Wie viel Freude haben Ihre Mitarbeiter bei der Arbeit?

6. Gehen Ihre Mitarbeiter für Sie durchs Feuer?

7. Verfügt Ihr Unternehmen über die fachlichen und menschlichen Fähigkeiten, die gesetzten Ziele zu erreichen?

8. Wie emotional engagiert sind Ihre Mitarbeiter?

9. Wie zufrieden sind Ihre Kunden mit den Produkten/den Dienstleistungen Ihres Unternehmens?

10. Wie zufrieden sind Ihre Kunden mit Ihrem Service/Ihrer Betreuung?

11. Wie ehrlich ist Ihr Team besonders wenn es darum geht, Schwächen zuzugestehen?

12. Wie serviceorientiert arbeitet Ihr Team?

13. Wie authentisch sind Ihre Mitarbeiter und Ihr Management-Team?

14. Wie mutig sind Ihre Mitarbeiter und Ihr Management-Team?

15. Wie effektiv werden Entschlüsse vom Team umgesetzt?

16. Werden in Ihrem Unternehmen Fehler akzeptiert?

17. Sind Ihre Teammitglieder stolz auf das Unternehmen und dessen Produkte/Dienstleistungen?

18. Geben Sie Ihren Mitarbeitern die Möglichkeit, eigenverantwortlich Entscheidungen zu treffen?

19. Wie gut ist die Kommunikation in Ihrem Unternehmen?

20. Sind Sie in der Lage, die besten Mitarbeiter zu bekommen und zu halten?

Mit welchem «Werkzeug» Sie Ihre Vision in Ihrem Unternehmen konkret umsetzen können, erfahren Sie im folgenden Kapitel.

Das Werkzeug

Das Werkzeug – die zweite Kraft[1]

Visionen brauchen Fahrpläne.

Hilmar Kopper[2]

Die Wirtschaft dominiert unsere Welt, also müssen Sie die Spielregeln der Wirtschaft beherrschen, um sich zurechtzufinden und um zu überleben. Erst recht, wenn Sie die Spielregeln ändern wollen, müssen Sie sie vorher beherrschen.

Dieses Kapitel zeigt Ihnen die Werkzeuge, mit denen Sie als Alchimedus Ihrem kränkelnden Unternehmenspatienten wieder Lebensgeister einhauchen. Verstehen Sie die verschiedenen Abschnitte als Anregungen – als Exerzitien auf Ihrer Pilgerreise. Wählen Sie diejenigen aus, die Ihnen und Ihrem Unternehmen gut tun, ganz individuell und ohne Vorschriften: Sie sind der Pilger, suchen Sie sich Ihren Weg selbst!

Vielleicht fragen Sie sich: «Warum muss ich mich mit diesem betriebswirtschaftlichem Werkzeug abtun?» – Dann verinnerlichen Sie, dass sich im täglichen Leben alles den Grundsätzen der Wirtschaft unterordnet, ob Sie es wollen oder nicht. Deshalb machen Sie das Beste daraus, und nutzen Sie die wirtschaftlichen Kräfte für sich.

Vielleicht fragen Sie sich aber auch: «Warum muss ich das betriebswirtschaftliche Werkzeug durchgehen, wo ich doch im Geschäft so erfolgreich bin?» – Aber gerade dann können neue Aspekte und ein umfassendes Bild auch Ihnen zu einem breiteren Wissen verhelfen.

---

1   Das Kapitel benutzt die Struktur der Arbeiten von Fechner, Peter: Praxis der Unternehmenssanierung, Hermann Luchterhand Verlag; Neuwied, 1998 und Harz/Hub/Schwarb, Sanierungsmanagement, Verlag Wirtschaft und Finanzen, 1999

2   Bankmanager, ehemaliger Vorstandssprecher der Deutschen Bank, * Oslanin, Westpreußen, 13. 3. 1935.

Ausgangslage: Winterschlaf im Unternehmen

Analysieren Sie zunächst schonungslos den Ist-Zustand Ihres Unternehmens: Führen Sie eingehende Gespräche mit den Mitarbeitern, und prüfen Sie präzise die betriebswirtschaftlichen Zahlen. Die Ergebnisse werden Ihnen zeigen, ob Sie die Geräte abschalten sollten oder ob Sie den Patienten ins volle Leben zurückbringen können. Sobald Sie sich für eine volle Wiederbelebung entscheiden, erstellen Sie mit Ihrem Team ein Revitalisierungskonzept und setzen es in die Tat um.

Verschiedene Alarmzeichen können Ihnen zeigen, dass sich die Situation Ihres Unternehmens verschlechtert: Langjährige Kunden ordern nicht mehr, trotz zunehmender Produktvielfalt sinkt die Auslastung der Anlagen, die Zahl der Reklamationen steigt. Die Lagerbestände wachsen, die Lieferfähigkeit nimmt ab, Auftragsdaten werden schlecht gepflegt, und die Komplexitätskosten geraten außer Kontrolle. Die Lage Ihres Unternehmens wird sich allerdings nicht nachhaltig verbessern, wenn Sie nur diese Symptome beseitigen. Nur eine ganzheitliche Therapie kann Ihnen wirklich helfen: Gehen Sie den schleichenden Symptomen auf den Grund, identifizieren und beseitigen Sie die Ursachen der Fehlentwicklungen. Viele Disziplinen, Instrumente und Maßnahmen leisten ihren Beitrag zu dieser Therapie, von moderner Kostenrechnung über Verfahrenstechnik und Betriebspsychologie bis hin zum gesunden Menschenverstand.

Mit diesem ganzheitlichen Ansatz untersucht der Krisenmanager, der Alchimedus des Unternehmens, die gesamte Wertschöpfungskette von Forschung und Entwicklung, Einkauf und Logistik über Produktion und Technik bis hin zu Marketing und Vertrieb. Um Kosten und Leistungsfähigkeit aller dieser Glieder der Wertschöpfungskette bewerten zu können, braucht er genaue Informationen. Sonst bleibt er über die wirklichen Erträge von Produkten oder Kundenaufträgen im Unklaren und kann weder den Stand eines Auftrags im Fertigungsfluss noch die Verluste durch Materialausschuss nachprüfen. Trotzdem scheitert die Bewertung des aktuellen Zustands eines Unternehmens oft an der ungenügenden Erfassung relevanter Daten. Vielleicht sind die Systeme für die Datenverarbeitung nicht ausreichend in die unternehmerischen Abläufe integriert? Oder das Datennetz zur Führungsinformation ist nicht unternehmensübergreifend und dicht genug?

Ihre Aufgabe lautet also: Bringen Sie Licht in den Schatten Ihrer Unternehmenszahlen, definieren Sie unternehmensspezifisch die entscheidenden Kennziffern! Das ist die Voraussetzung, damit Sie Klarheit bei der Steuerung Ihres Unternehmens schaffen können. Möglicherweise müssen Sie gleichzeitig auch noch das Controlling modernisieren und Methoden erarbeiten, mit denen Sie die Leistungskennzeichen ermitteln können.

Für leistungsfähiges Controlling brauchen Sie ein ganzheitliches IT-Management mit einer geeigneten Datenverarbeitung: Es soll die Menschen unterstützen, nämlich jedem Mitarbeiter zeigen, was er wann wie erledigen kann. Zeitgemäßes IT-Management, überall im Unternehmen präsent, steigert die Qualität und Produktivität der gesamten Organisation. Prüfen Sie deshalb als Alchimedus, ob Sie die vorhandenen Systeme verjüngen oder neue einführen sollten. Erstellen Sie dabei zunächst Anforderungsprofile und arbeiten Sie dann auf Basis einer Kosten/Nutzen-Bewertung Hard- und Software-Empfehlungen aus.

Ist-Analyse des Unternehmens: Gesundheitscheck

Der Mann, der zu beschäftigt ist,
sich um seine Gesundheit zu
kümmern, ist wie ein Handwerker,
der keine Zeit hat, seine Werkzeuge
zu pflegen.
Aus Spanien

Unterziehen Sie Ihre Firma von Zeit zu Zeit einem Gesund-heits-Check. Befreien Sie so den Firmenorganismus – wie den menschlichen Körper bei einer Entschlackungskur – von sämtlichen schädlichen Schlacken. Denn diese hemmen die Leistungsfähigkeit Ihres Unternehmens, und das bringt in der Regel schwere Folgen mit sich, vor allem finanzielle Verluste. Es ist wie bei einem Bügeleisen: Ist es verkalkt, braucht es viel mehr Zeit und Energie als ein entkalktes Bügeleisen, um auf Betriebstemperatur zu kommen. Das können Sie durch einen Gesundheitscheck verhindern.

| Der Misserfolg war meist schon lange bekannt.

Die tägliche Praxis zeigt: Meist können Sie die Schlacken des Unternehmens frühzeitig erkennen, der Misserfolg kündigt sich bereits lange vor dem Ende an.

> *Exkurs: Alchimie und Reinigung*
> *Der Mensch stellt das am höchsten entwickelte Naturreich dar, aber er bezieht seine Nahrung aus den niederen Naturreichen. Daher muss er das «Fremde», das möglicherweise giftig wirkt, in etwas Menschenhaftes umwandeln. Diese Verwandlungsprozesse übernimmt der «innere Alchimist», der die Spreu vom Weizen trennt: nach Paracelsus sämtliche Stoffwechselprozesse, vor allem aber Magen, Leber und Niere. Paracelsus schrieb: «Wenn der Magen kräftig ist, dringt das Reine zu den Gliedern, um sie zu ernähren, das Unreine tritt mit dem Stuhl aus. Wenn der Magen schwach ist, schickt er auch das Unreine zu der Leber; hier geht auch eine Scheidung vor sich. Wenn die Leber kräftig ist, scheidet sie richtig, und sie schickt zugleich das Schleimige mit dem Harn zu den Nieren. Wenn hier eine*

gute Scheidung ist, ist es richtig, wenn nicht, so bleibt hier jenes Schleimige und Steinige zurück und koaguliert sich zu Sand, was ich Tartarus nenne.»
Unter Tartarus verstand Paracelsus Ablagerungen von Toxinen, die zu chronischen Krankheiten führen, zum Beispiel zu Steinbildung, Sklerose, Gicht, Rheuma, aber auch zu allen dysplastischen Prozessen wie Arthrose. Neben der richtigen Scheidung ist die Funktion der Entgiftungsorgane besonders wichtig, also vor allem von Leber, Pankreas, Galle und Darm sowie von Niere, Haut und Lunge. – Ist der «innere Alchimist» zu schwach und funktionieren die Ausscheidungen nicht richtig, so kommt es zum Tartarus. Ihm voraus geht eine «Digestio» oder innere Fäulnis, die Mutter aller chronischen Krankheiten.

Gewinn und Umsatz aus Ihrem Kerngeschäft gehen über Monate laufend zurück. Sie unternehmen erste Anstrengungen, um das Blatt zu wenden: Sie verkaufen das Tafelsilber und führen Kostenreduktionsprogramme und Downsizing-Maßnahmen durch. Sie fahren Ihre Abschreibungsmöglichkeiten zurück. Sie benutzen die Leistungen von betriebseigenen Verbundunternehmen, um über Verrechnungspreise das Betriebsergebnis aufzupolieren. Sie steigern über kurzfristige Verkäufe Ihre außerordentlichen und sonstigen betrieblichen Erträge. Mit Hilfe Ihres Managements oder sogar externer Berater haben Sie die Akut-Symptome beseitigt und die Lage Ihres Unternehmens vermeintlich verbessert. Vielleicht steigt sogar der ordentliche Betriebserfolg. Doch Scheinwerfer an! Betreiben Sie nicht nur reine Zahlenkosmetik?

Ihr Unternehmen schreibt wieder Gewinne – aber für wie lange? Betreiben Sie keine Vogel-Strauß-Politik: Stecken Sie nicht den Kopf in den Sand, um die wirklichen Wurzeln des Übels nicht sehen zu müssen. Finden Sie den Kern der Probleme. Analysieren Sie Ihr Unternehmen genau und fallspezifisch. Damit machen Sie den ersten, kraftvollen Schritt zur Revitalisierung Ihres Unternehmens.

Das Unternehmen neu beleben

Jemandem neues Leben geben zu können, ist einer der faszinierenden Aspekte menschlichen Daseins. Wir tun es jeden Tag: Als Arzt, der die ganzheitliche Heilung eines Schwerkranken anregt. Als Architekt, der aus einem verrotteten Haus eine Villa entstehen lässt. Als Gärtner, der die verdorrte Pflanze wieder zum Blühen bringt. Als Freund, der mit seinen aufmunternden Worten aufbaut.

Ein Unternehmen in der Krise wieder zu beleben ist besonders wertvoll, weil so viele Menschen davon profitieren. Aber wo können Sie als Alchimedus ansetzen, um Ihrem Unternehmen neues Leben und neue Kraft zu geben?

Führen Sie deshalb zunächst eine ganzheitliche Ist-Analyse Ihres kriselnden Unternehmens durch. Das ist eine anspruchsvolle Aufgabe, denn die Ursachen der Krise können vielfältig sein. Überprüfen Sie folgende Bereiche:

Haben Sie strategische Fehler gemacht?

◆ mangelhafte Erfolgsdefinitionen

◆ keine starken Grundwerte

◆ ungenügende Unternehmensphilosophie

Liegen die Defizite Ihres Unternehmens im kaufmännischen Bereich?

◆ kein Überblick über die Kostenstrukturen

◆ keine klaren Steuerungskennzahlen

◆ kaum Soll-Ist-Vergleiche

◆ unklare Abgrenzung von Leistungsbereichen und deren Zusammenhängen

◆ zu geringe Ausstattung mit Eigenkapital

◆ ungünstiges Verhältnis von kurzfristiger und langfristiger Finanzierung

◆ keine Liquiditätsplanung

◆ lückenhafte Kontrolle der Debitorenlaufzeiten und des Mahnwesens

◆ wenig Übersicht über die Deckung der Verbindlichkeiten

◆ hohe Ausfälle von Forderungen

◆ seltene Überprüfungen der Bonität

◆ mangelhafte Einhaltung der Zahlungsbedingungen

◆ unklare Vertragswerke und Richtlinien

Fehlt es Ihrem Management an den erforderlichen Qualifikationen?

◆ mangelnde Motivation der Mitarbeiter
◆ zu wenig Wirkung der Marketingkonzepte
◆ schwammige Auswahl der Zielgruppen
◆ ungenügende Marktorientierung
◆ schlechte Organisation des Kundendienstes
◆ nicht treffende Marktansprache und Werbung

Der Alchimist als Arzt: Wie gut werden Sie Ihr Unternehmen wieder beleben können?

Da die Ursachen für Krisen in Unternehmen so vielfältig sein können, müssen Sie als Alchimedus an vielen Strippen gleichzeitig ziehen, um Ihr Unternehmen aus der Krise zu führen und auf eine solide Grundlage zu stellen. Die Abbildung zeigt Ihnen die vier Hauptphasen, die Sie auf diesem Weg durchlaufen. Dabei kann es durchaus passieren, dass Sie Teile der einzelnen Phasen parallel abwickeln:
Analysieren Sie zunächst gründlich die Ist-Situation Ihres Unternehmens. Auf der Grundlage der hierbei gewonnenen Informationen können Sie entscheiden, ob Sie Ihr Unternehmen sinnvollerweise überhaupt revitalisieren wollen oder nicht. Falls Sie sich für seine Revitalisierung entscheiden, erarbeiten Sie ein neues Konzept für die Zukunft Ihres Unternehmens. Dafür erstellen Sie verschiedenste Planrechnungen. Und schließlich sorgen Sie dafür, das neue Konzept in die Tat umzusetzen[3].

I. Analysieren Sie die Ist-Situation Ihres Unternehmens.

◆ Kick-Off-Meeting, Teammitglieder benennen
◆ Unternehmen und seine bisherige Entwicklung darstellen
◆ rechtliche Verhältnisse prüfen

———

3   Einteilung der Phasen nach: IDW Fachausschuss Recht. Anforderungen an Sanierungskonzepte. Friedrichshafen 1991. S. 319–324.

81

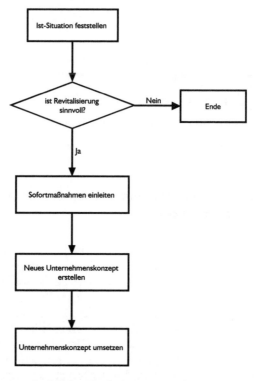

- finanzwirtschaftliche Verhältnisse prüfen
- leistungswirtschaftliche Verhältnisse prüfen
- organisatorische Grundlagen prüfen

2. Entschließen Sie sich zur Revitalisierung Ihres Unternehmens.

- Krisensymptome und -ursachen feststellen
- strategische Lage analysieren
- finanzielle Lage analysieren
- Ertragslage analysieren
- Fähigkeiten des Managements analysieren
- Ergebnisse als Chancen-/Risiken- und als Stärken-/Schwächenanalyse darstellen
- Sofortmaßnahmen festlegen und umsetzen

3. Erstellen Sie ein neues Unternehmenskonzept.

◆ Businessplan für die Fortführung Ihres Unternehmens verfassen

◆ Finanzberechnungen mit und ohne Sanierungsmaßnahmen durchführen und vergleichen: Gewinn- und Verlustrechnung, Bilanz, Finanzplan, wirtschaftliche Kennzahlen

4. Verwirklichen Sie Ihr neues Unternehmenskonzept.

◆ beschlossene Maßnahmen umsetzen
◆ Erreichen der Ziele kontrollieren
◆ Ergebnisse darstellen und analysieren

Das Team für die Revitalisierung zusammenstellen

Niemand kann eine Sinfonie flöten.
Es braucht ein Orchester, um sie zu
spielen.
    Halford E. Luccock[4]

Es sind die Menschen, die den Prozess der Wiederbelebung in einem kriselnden Unternehmen tragen. Sie geben dem Unternehmen Kraft oder führen es in den Konkurs. Sie verwandeln den Geist des Unternehmens, sie geben dem Unternehmen ihren Puls. Sie schaffen aus dem Erstarrten Erneuerung. Setzen Sie das Team für die Revitalisierung Ihres Unternehmens deshalb aus Menschen zusammen, die den Mut zur Veränderung aufbringen.

Beginnen Sie die Reise

Meist beginnt eine einzelne Person, z. B. der Inhaber oder der Geschäftsführer, oder eine kleine Gruppe den Prozess der Revitalisie-

---

4   US-amerikanischer Prediger, * 1885, † 1960.

rung. Dieser Person oder Gruppe kommt dabei die allererste und wichtigste Aufgabe zu: Sie muss ein Kick-Off- Meeting veranlassen und das Team für die Revitalisierung auswählen.

Nicht zwangsläufig muss die bisherige Unternehmensführung dieses Team auch leiten. Selbst gestandene Geschäftsführer sind oft überfordert, wenn sie Revitalisierungsaufgaben auswählen, planen und durchführen sollen. Denn diese Aufgabe ist äußerst anspruchsvoll: Es gilt, das Unternehmen neben der normalen Tagesarbeit mit weitreichenden Konsequenzen strategisch in sich zu verändern.

Die Mitglieder des Teams werden vielfältigen Schwierigkeiten begegnen:

◆ Für die notwendigen Analysen, Berichte, Projekte und Verhandlungen benötigen sie spezielles Fachwissen und viel Zeit.

◆ Das laufende Tagesgeschäft setzt sie unter Zeitdruck.

◆ Die Betroffenen sind möglicherweise selbst befangen.

◆ Das zugrunde liegende Datenmaterial ist oft unvollständig, falsch oder fehlt ganz.

Wichtig ist also, dass die Mitglieder des Teams die erforderlichen Aufgaben ohne Betriebs- und Eigenblindheit verrichten können. Deshalb müssen alle, die das Team zusammenstellen und die Revitalisierung durchführen – Geschäftsführer, externe Berater oder andere –, vorher genau prüfen, ob sie dafür auch wirklich in Frage kommen. Schließlich ist das Management oft selbst die Krise, die es zu bewältigen hat[5].

Verhindern Sie Inzucht

Damit das Revitalisierungsteam den Ist-Zustand Ihres Unternehmens nicht aus seiner subjektiven Sicht zu positiv einschätzt, sollten Sie als Alchimedus nicht nur hohe interne Führungskräfte aufnehmen, sondern auch externe Wissensträger wie Berater oder Aufsichtsräte hinzuziehen. Das gilt umso mehr, als meist auch ein möglicher außen stehender Investor und/oder Ihre Bank Ihr Unternehmen für sanierungswürdig halten müssen, damit Sie es fortführen können. Gewinnen Sie deshalb durch die Mitglieder Ihres Teams zusätzliche Sachkenntnisse und Objektivität.

---

5   Nach Reinhard Sprenger, Managementtrainer.

Gewinnen Sie gleichzeitig auch Ressourcen und Netzwerke: Teammitglieder, die Ihnen aktiv beistehen wollen und Ihnen ihre Netzwerke öffnen, damit Sie neue Kunden, neue Partner, neue Banken und neue Investoren finden. Dieses lebendige Netzwerk wird sich für Sie zu einer Art Unternehmensbiotop entwickeln. Auch in der Natur beweisen Biotope, dass ihre Angehörigen leichter überleben, indem sie einander ergänzen und unterstützen. Das ganze System ist stabil und überlebensfähig. Wenn dagegen eine einzelne Pflanze in einer ansonsten unbewachsenen Umgebung lebt, wächst sie viel langsamer und lebt viel gefährlicher.

Wählen Sie also für das Kick-Off-Meeting und die weitere Revitalisierung Ihres Unternehmens mehrere Personen als oberstes Strategie- und Kontrollgremium aus. Bemessen Sie die Anzahl der Mitglieder so, dass sie jederzeit schnell handeln können. Meist bietet sich eine Größe von etwa vier bis acht Teilnehmern an, bei größeren Unternehmen sogar noch mehr. Damit Sie alle anstehenden Aufgaben vollständig erfüllen können, bilden Sie am besten zusätzliche Expertenteams, z. B. für das Controlling, und Projektteams für einzelne spezielle Aufgaben, z. B. die Umstrukturierung der Fertigung.

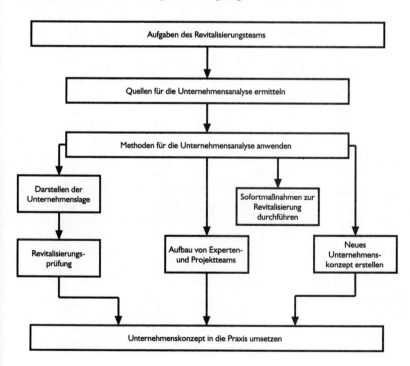

Bilden Sie diese Teams aber erst nach dem Kick-Off-Meeting. Bei diesem Treffen legen Sie zunächst die wichtigsten Maßnahmen fest: Stärkung oder Schwächung des bisherigen Managements, Auswahl eines neuen Krisen-Managements, Entlohnung der Teammitglieder. Sobald Sie das Revitalisierungsteam eingesetzt haben, übernimmt dieses die weiteren Aufgaben.

Darstellen der Unternehmenslage

Ehrlichkeit ist gegenüber dem Feind ein Kann, gegenüber dem Freund ein Soll, gegenüber sich selbst ein Muss.

Philip Rosenthal[6]

▌Schonungslose Analyse

Ihre erste Aufgabe als Alchimedus ist also, zusammen mit Ihrem Revitalisierungsteam eine schonungslose Analyse der Ist-Situation Ihres Unternehmens vorzunehmen: Stellen Sie die bisherige Unternehmensentwicklung dar, also die rechtlichen und wirtschaftlichen Verhältnisse sowie die organisatorischen Grundlagen. Diese Informationen ermitteln Sie am besten durch persönliche Gespräche, Fragebögen und Datenanalysen. Sie als Alchimedus und der Leiter Ihres Revitalisierungsteams steuern diesen Prozess. Delegieren Sie notwendige Aufgaben an Mitarbeiter aus allen Abteilungen Ihres Unternehmens.

Für gut geführte Unternehmen bedeutet diese Aufgabe meist keine große Herausforderung. Bekommen Sie die Daten jedoch nur schwer, unzuverlässig und unvollständig, dann weist auch dies auf eine Krise im Unternehmen hin und lässt Missmanagement, Undiszipliniertheiten und weitere Krisenherde vermuten. Sorgen Sie als Alchimedus auf jeden Fall für einen Geist der Ehrlichkeit, wenn Sie die Informationen ermitteln. Nur dann traut sich jeder Beteiligte, auch die unangenehmen Wahrheiten aufzudecken, die auf den Tisch müssen. Denn die Folgen geschönter Informationen über Ihr Unternehmen sind verhängnisvoll: Viele Unternehmen konnten damit Ihre Krisen nicht überwinden.

---

6   Unternehmer, SPD-Politiker, * Berlin, 23. 10. 1916; † Selb, 27. 9. 2001.

Eine Frage der Perspektive

Sherlock Holmes und Doktor Watson gingen zusammen zum Campen. Sie verbrachten einen wundervollen Tag in der freien Natur und wanderten durch die hügelreiche Landschaft. Als es dämmerte, errichteten sie ihr Zelt. Nachdem sie ein köstliches Mahl zubereitet und verzehrt hatten, schliefen beide müde ein.

Sehr früh in der Nacht wachte Holmes auf, grunzte etwas und weckte seinen Assistenten mit einem leichten Stoß in die Rippen. «Watson», sagte er. «Öffne schnell die Augen und schau hinauf zum Himmel. Was siehst du?»

Watson erwachte schlaftrunken. «Ich sehe Sterne, Holmes», antwortete er, «unendlich viele Sterne.»

«Und was sagt dir das, Watson?», fragte Holmes.

Watson dachte für einen Augenblick nach. «Tja, Holmes, das sagt mir, dass dort draußen ungezählte Sterne und Galaxien sind und wahrscheinlich Tausende von Planeten. Ich nehme deshalb an, dass doch eine ganze Menge gegen die Theorie spricht, dass wir allein im Universum sind. Ich schaue hinauf in den Himmel und fühle mich demütig angesichts dieser unendlichen Weiten. Und was sagt es dir?»

«Watson, du bist ein Narr!», rief da Holmes. «Mir sagt es, dass jemand unser Zelt gestohlen hat!»[7]

---

7   Nach Joseph O'Connor: Extraordinary Solutions For Everyday Problems. Übersetzt und leicht bearbeitet durch Sascha Kugler.

Revitalisierungsprüfung

Abschied vom Überlebten oder nicht überleben.

Manfred Hinrich[8]

Schon am Anfang der Revitalisierung führen Sie also eine Prüfung Ihres Unternehmens durch. Ihr Ergebnis zeigt Ihnen, ob Sie Ihr Unternehmen überhaupt erhalten und sanieren können. Beherzigen Sie dabei folgende Grundregel: Ihr Unternehmen kann dann überleben, «wenn es aus den künftigen Einnahmen und den vorgesehenen Kapitalzuführungen mindestens den Kapitaldienst für die Verbindlichkeiten und die betrieblichen Ausgaben decken kann. Darüber hinaus muss es durch Maßnahmen im Kapitalbereich möglich sein, die Überschuldung zu überwinden.»[9]

In welcher Situation also befindet sich Ihr Unternehmen? Wie wird es sich in nächster Zeit entwickeln, wenn Sie keine Maßnahmen zur Krisenbekämpfung ergreifen? Prüfen Sie Ihre gegenwärtige Liquidität, kurzfristige Verbindlichkeiten und Forderungen (Höhe, Fälligkeit, Eingangsrisiken) sowie Kreditlinien. Prüfen Sie Auftragsbestand, Gefahren durch die gegenwärtige Struktur Ihrer Umsätze sowie Risiken im Zusammenhang mit Ihren vorhandenen Kunden und Produkten.

---

8 Deutscher Philosoph, Lehrer, Journalist, Kinderliedautor, Aphoristiker und Schriftsteller, * 9. 11. 1926.

9 Harz, S. 34.

Quellen für die Analyse des Unternehmens

Wer mit dem Strom schwimmt,
erreicht die Quelle nie.

Peter Tille[10]

Um den Ist-Zustand Ihres Unternehmens zu ermitteln, benötigen Sie verlässliche Quellen. Eine Auswahl sehen Sie in der folgenden Abbildung. Die Quellen bestehen meistens aus Daten und Zahlenwerken, die manchmal klar und manchmal undurchsichtig sein können.

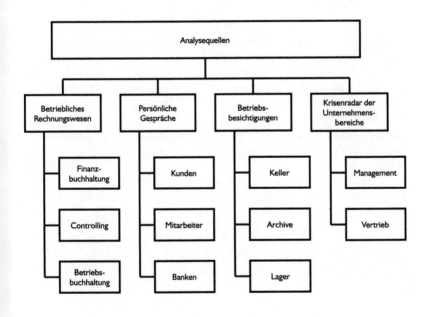

---

10 Deutscher Aphoristiker und Schriftsteller, * 1938.

Rechnungswesen

Überprüfen Sie zunächst Ihr betriebliches Rechnungswesen. Dabei begegnen Sie drei Bereichen mit Informationen: der Finanzbuchhaltung, der Betriebsbuchhaltung und dem Controlling. Die Finanzbuchhaltung ermittelt und dokumentiert den Güterumlauf in Ihrem Unternehmen und bereitet ihn in der vom Gesetzgeber in §§ 238 ff. HGB vorgeschriebenen Form auf.

Die Betriebsbuchhaltung dagegen ermittelt die angefallenen Kosten. Sie stellt alle Informationen für die praktische Planung und Kontrolle in Ihrem Betrieb bereit. Dazu gehören zum Beispiel die Prozesskostenrechnung, die Personalkostenrechnung, die Deckungsbeitrags-, Kostenstellen- und Kostenträgerrechnung.

Das Controlling schließlich analysiert die Daten, welche die Betriebs- und Finanzbuchhaltung ermittelt haben. Es berechnet verschiedene Kennzahlen, an denen es abliest, ob Ihr Unternehmen sein Ziele erreicht bzw. wo es sie verfehlt hat. An diesen Stellen müssen Sie handeln. Das Controlling unterstützt Sie also dabei, Ihr Unternehmen zu steuern und Ihre Ziele umzusetzen.

Finanzbuchhaltung, Betriebsbuchhaltung und Controlling stellen wichtige Quellen dar, mit deren Hilfe Sie als Alchimedus eine Ist-Analyse Ihres Unternehmens durchführen. Gerade in Krisenunternehmen aber kann es sein, dass das betriebliche Rechnungswesen seine Aufgaben nicht erfüllt. Ermitteln Sie deshalb rasch diejenigen Kennzahlen, die für Ihren Betrieb relevant sind, und geben Sie diese kompakt wieder. Dieses betriebsspezifische System von Kennzahlen stellen Sie am Anfang auf und verwenden es während des ganzen Revitalisierungsprozesses weiter. Damit beurteilen Sie den Erfolg Ihrer Maßnahmen.

Persönliche Gespräche

Wer mit mir reden will, der darf
nicht bloß seine eigene Meinung
hören wollen.

Wilhelm Raabe[11]

Ein chinesisches Sprichwort besagt: «Im Gespräch mit einem wirklichen Menschen lernt man an einem Abend mehr als in zehn Jahren aus Büchern.» – Für Sie als Alchimedus bedeutet das: Im persönlichen Gespräch erfahren Sie, was keiner in die Bücher schreiben will: die Stimmungen, die Beschönigung von Zahlen oder auch die Tricks, um Sachverhalte zu verschleiern.

| Erkennen Sie die Strömungen

Sprechen Sie als Alchimedus mit Ihren Mitarbeitern, mit Kunden, Vertretern Ihrer Bank und mit Analysten, mit Lieferanten und Betriebsräten. Damit Sie Ihr Unternehmen treffend beurteilen können, müssen Sie vor allem die Meinungen Ihrer Kunden kennen. Befragen Sie daher ausgewählte Kunden – gute und schlechte – umfassend und eingehend in Gesprächen nach ihrer Beurteilung der Lage. Kunden erläutern meist gern, was sie an Ihrem Unternehmen am meisten schätzen und was ihnen nicht gefällt. Daraus erkennen Sie den Wert jeder Leistung, die Ihr Unternehmen bereits anbietet oder zukünftig einführen will. Überprüfen Sie in Ihren Gesprächen wichtige Merkmale wie Service, Qualität, Schnelligkeit, Flexibilität und Pünktlichkeit der Lieferungen. Und bilden Sie sich von diesen Kriterien eine zusätzliche Vorstellung durch Betriebsbesichtigungen.

---

11 Pseudonym: Jakob Corvinus, deutscher Erzähler, * Eschershausen, Weserland, 8. 9. 1831; † Braunschweig, 15. 11. 1910.

Betriebsbesichtigungen

*Über einen Standort urteilt man am
besten vor Ort.*

Georg von Stein[12]

Wirkliche Probleme erkennen Sie nur vor Ort. Machen Sie sich deshalb die Mühe: Steigen Sie in den Keller, fahren Sie zu Außenlagern und Betriebsstätten. Erst auf Ihrer Betriebsbegehung erkennen Sie womöglich die wahren Ursachen der Krise. Hier treten Managementfehler deutlicher zutage als in den reinen Zahlen der Berichte. In der folgenden Übersicht erhalten Sie Hinweise, worauf Sie dabei achten können[13].

Standort des Unternehmens:

◆ Betriebsfläche

◆ Verkehrslage

◆ Lieferzufahrten

◆ Einzugsbereich

◆ Umweltschutzbedingungen

◆ Stromversorgung

◆ Zustand des Betriebsgeländes

Standorte der Werkstätten:

◆ Produktionsverfahren

◆ Binnentransportwege

◆ Raumaufteilung der Anlagen

---

12   Journalist und Medientrainer.

13   Checkliste der TMS Unternehmensberatung AG: www.1-to-manage.de.

92

Verwaltungs- und Produktionsgebäude:

◆ Zustand

◆ Vorhandene Kapazitäten

◆ Expansionsmöglichkeiten

◆ Alternative Verwendungsmöglichkeiten

◆ Sauberkeit

Maschinen und Einrichtungen:

◆ Alter

◆ Zustand

◆ Auslastung

◆ Technologischer Standard

◆ Tatsächliche Produktionskapazität

◆ Vorgehaltenes Material

Produktionsprozess:

◆ Fertigungsablauf

◆ Lagerbestand

◆ Zustand des Lagers

◆ Zustand der Waren/des Materials im Lager

◆ Lagerhaltungskosten

◆ System zur Bestandsprüfung

Betriebsklima:

◆ Umgang mit den Mitarbeitern

◆ Stimmung im Betrieb

◆ Führungsverhalten

◆ Einrichtung der Räume

Krisenradar – die Bereiche des Unternehmens durchleuchten

Von den Chinesen könnten wir viel lernen. Sie haben für Krise und Chance dasselbe Schriftzeichen.

Richard Freiherr von Weizsäcker[14]

Die Zahl der Insolvenzen ist in den letzten Jahren stark angestiegen, und mit dem Gang zum Amtsgericht und der Anmeldung einer Insolvenz sterben viele Unternehmen. Untersuchungen zeigen, dass dabei die meisten Verantwortlichen in diesen Unternehmen verdrängt oder erst viel zu spät erkannt haben, dass die Krise die Existenz ihrer Unternehmung bedroht.

Legen Sie sich deshalb einen vorbeugenden Krisenradar zu, mit dem Sie warnende Signale frühzeitig erkennen können. Denn mehr als die Hälfte aller Unternehmenskrisen sind hausgemacht. Mit einem wirkungsvollen Krisenradar können Sie schon im Vorfeld vieles vermeiden. Analysieren Sie als Alchimedus genau alle einzelnen Bereiche vom Management über Finanzen/Controlling, Personalwesen, Absatz, Produktion und Investition, Beschaffung und Logistik bis hin zu Organisation, Forschung und Entwicklung.

Krisenursachen in den Abteilungen des Unternehmens

Die Pleite ernährt Geier auf Kosten Gläubiger.

Emil Baschnonga[15]

Durch Ihre alchimedische Beobachtung erkennen Sie, welche Bereiche Ihres Unternehmens die Krise verursachen. Die folgende Liste nennt Ihnen Beispiele, wo die Probleme in den einzelnen Abteilungen

---

14 Deutscher CDU-Politiker, Bundespräsident, * Stuttgart, 15. 4. 1920.
15 Schweizer Aphoristiker, * 1941.

liegen können[16]. Holen Sie sich daraus Anregungen für Ihre Beobachtungen, aber bleiben Sie trotzdem offen für Ihre eigenen Eindrücke.

Management

◆ starres Festhalten an überholten Konzepten
◆ patriarchalischer Führungsstil
◆ hohe Fluktuation
◆ mangelnde Fähigkeit/Bereitschaft zur Delegation
◆ Entscheidungsschwäche
◆ fehlende Kontrolle
◆ Streit innerhalb des Managements und/oder mit dem Firmeneigentümer

Personal

◆ mangelnde Motivation
◆ mangelnde Qualifikation
◆ fehlende Personalplanung
◆ übertriebene Sparsamkeit bei leistungsfähigen Mitarbeitern
◆ schnelle Entlassung unbequemer Mitarbeiter
◆ Konkurrenz durch ausgeschiedene Mitarbeiter

Organisation

◆ mangelhafte Koordination der einzelnen Bereiche
◆ zu umfangreiche Umstrukturierungen
◆ ungeeignete Rechtsform
◆ unzureichende Projektarbeit

___

16   Harz, S. 83–86.

Forschung und Entwicklung

◆ zu wenig Forschung und Entwicklung
◆ mangelndes Konzept bei Forschung und Entwicklung

Beschaffung und Logistik

◆ starre Bindung an bestimmte Rohstoffquellen und Lieferanten
◆ zu hohe Kapazität und Kosten des eigenen Fuhrparks
◆ mangelnde Strategie beim Einkauf

Produktion

◆ zu starre Bindung an einzelne Produkte
◆ veraltete/zu neue, noch unerprobte Technologie
◆ mangelhafte Steuerung der Fertigung
◆ unzureichende Qualitätssicherung
◆ zu hohe Ausschussquote
◆ unwirtschaftliche Eigenfertigung statt Fremdbezug
◆ Fertigungsengpässe

Absatz

◆ unzeitgemäße Produkteigenschaften
◆ zu hohe/zu geringe Qualität
◆ zu breite/zu schmale Produktpalette
◆ kein sinnvoll strukturiertes Portfolio
◆ unpassende Preispolitik
◆ Mängel des Vertriebsweges
◆ schlecht organisierter Vertrieb
◆ mangelhafte Kundenorientierung

- ◆ schlechter Service
- ◆ schlechtes Image der Marke

Investitionen

- ◆ zu wenig Investitionen
- ◆ zu frühe/zu späte Investitionen
- ◆ keine Investitionsrechnung
- ◆ Fehleinschätzung des Investitionsvolumens und -risikos

Finanzen/Controlling

- ◆ zu wenig Eigenkapital
- ◆ schlechte Kostenrechung und Kalkulation
- ◆ mangelhafte Aufschlüsselung der Erfolge nach verschiedenen Kriterien
- ◆ ungenügende Finanzplanung
- ◆ kein Frühwarnsystem
- ◆ mangelnde Abstimmung der Fristen bei der langfristigen Finanzierung
- ◆ hohe Verschuldung und Zinsbelastung
- ◆ zu viele ausstehende Forderungen

Phasen der Unternehmenskrisen

Eine Sardelle ist ein Wal, der alle
Phasen des sozialistischen Aufbaus
durchlaufen hat.

Aus Jugoslawien

Sie können die Krise Ihres Unternehmens nicht nur danach beurteilen, in welchem Bereich des Betriebs sie entstanden ist. Untersuchen Sie auch, in welcher Phase sich die Krise Ihres Unternehmens befindet, wenn Sie seinen Ist-Zustand analysieren: Als erstes befindet ein Unternehmen sich in einer Strategiekrise. Dehnt diese sich aus, gerät es in eine Erfolgs- und Rentabilitätskrise. Wenn auch jetzt die Verantwortlichen keine Wende einleiten können, kommt es zur Liquiditätskrise. Ab diesem Zeitpunkt balanciert das Unternehmen nur noch auf einem dünnen Seil und stürzt in die Insolvenz, falls keiner es auffängt.

Strategiekrise

Eine Strategiekrise gefährdet die Erfolgspotenziale Ihres Unternehmens. Sie kann beruhen auf

◆ einer falschen oder veralteten Produktpolitik

◆ einem falschen Standort

◆ falscher Fertigungstechnologie

◆ einer überalterten und/oder unterqualifizierten Belegschaft

Erfolgs- oder Rentabilitätskrise.

Wenn ein Unternehmen seine Deckungsbeiträge und Gewinnziele in kritischem Umfang nicht mehr erreicht, befindet es sich in einer Erfolgskrise: Mit dem gegenwärtigen Programm erzielt es keine Gewinne mehr, das Eigenkapital bröselt nach und nach weg. Umsatzrückgang, Preisverfall oder ungewöhnliche Kostensteigerungen können eine solche Krise verursachen. Gelingt es dem Management nicht, das Unternehmen auf Kurs zu bringen, steuert es auf den Untergang zu.

Liquiditätskrise

In der Liquiditätskrise droht konkret und akut die Zahlungsunfähigkeit:

◆ Wechselfälligkeiten ohne Deckung
◆ Zinsfälligkeit ohne Deckung
◆ Kürzung der Kreditlinien
◆ Lieferanten- oder Bankenkredite werden kurzfristig fällig gestellt

Es kann ziemlich lange dauern, bis eine strategische Krise zur Rentabilitätskrise wird. Dagegen vollzieht sich der Übergang von der Rentabilitätskrise zur Liquiditätskrise deutlich schneller und beschleunigt sich noch bis hin zur Insolvenz[17]. Um das zu vermeiden, gilt: Je früher Sie die Krise erkennen und gegensteuern, desto besser für den Erfolg Ihres Unternehmens!

Am einfachste können Sie dabei die internen Ursachen der Unternehmenskrise angehen. Aber auch externe Faktoren tragen zu der Krise bei, etwa die Konjunktur, wenn die Wirtschaft eines Landes sich in der Rezession befindet, Branchenveränderungen, zum Beispiel die Probleme der Tourismusbranche in Kriegszeiten, oder die allgemeine Wirtschafts- struktur, so die immer stärker nachlassende Nachfrage nach Kohle als Energieträger.

Auch den externen Faktoren können Sie aber gegensteuern, indem Sie etwa die Produktpalette erweitern (weniger Kohle, mehr Windkraft) oder in Zeiten der Rezession Bereiche wie das unternehmenseigene Reisebüro auslagern.

Ursachen von Unternehmenskrisen

Nun wissen Sie also, wo Sie sich als Alchimedus die Informationen für die Bestandsaufnahme Ihres Unternehmens beschaffen können.

---

17 Harz, S. 86.

Am besten verbinden Sie bei der Analyse Ihre Ergebnisse aus allen Quellen miteinander: Rechnungswesen, persönliche Gespräche und Betriebsbesichtigungen und Krisenradar. Mit welchen Methoden können Sie Ihre Informationen nun aber auswerten?

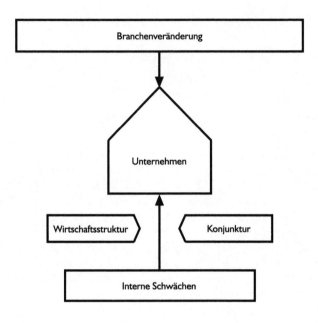

Analysemethoden

Je weniger du dir über deine
Arbeitsmethode klar bist, desto
schwieriger wird die Arbeit.

R. B. Cassingham

Die nachfolgende Auswahl an Analysemethoden ist für alle Unternehmen im Revitalisierungsprozess in jedem Fall wichtig. Gern können Sie diese Liste beliebig erweitern – doch insgesamt geht es nicht darum, dass Sie möglichst viele Methoden anwenden, sondern darum, dass Sie Ursachen und Zusammenhänge erkennen. Meist wird es Ihnen sogar an Zeit mangeln, die Vor- und Nachteile bestimmter Analysemethoden abzuwägen. Dann helfen Ihnen die folgenden zentralen Methoden dabei, sich einen ersten guten Eindruck vom Zustand Ihres Unternehmens zu verschaffen.

Zahlungsfähigkeit feststellen

Die Fähigkeit, auf welche die
Menschen am meisten Wert legen, ist
die Zahlungsfähigkeit.

Oskar Blumenthal[18]

Ein normaler Mensch kann es sich nicht lange leisten, auf Pump zu leben. Er weiß in der Regel, ob er zahlungsfähig ist oder nicht. Im Unternehmen hingegen können die vielen ein- und ausgehenden Zahlungen die Zahlungsfähigkeit vernebeln, verschleiern oder gar verhehlen.

Ein Unternehmen ist liquide, wenn es allen seinen Zahlungsverpflichtungen fristgerecht und in voller Höhe nachkommen kann. Aufschluss über den Grad Ihrer Liquidität vermittelt Ihnen das betriebli-

---

18 Deutscher Kritiker, Theaterleiter und Possenschreiber, * Berlin, 13. 3. 1852; †
Berlin, 24. 4. 1917.

che Rechnungswesen. Erstellen Sie anschließend einen Liquiditäts- und Finanzstatus. Dieser erfasst alle aktuellen Finanzmittel und Verbindlichkeiten und stellt sie nach dem Grad der Liquidität bzw. Fälligkeit gegenüber[19]. Berücksichtigen Sie dabei auch Ihre Finanzierungsreserven: Wo können Sie noch Kapital aufnehmen, welche Aktiva können Sie veräußern, welche kurzfristigen Verbindlichkeiten können Sie in langfristige umschichten, wo haben Sie offene Kreditlimits?

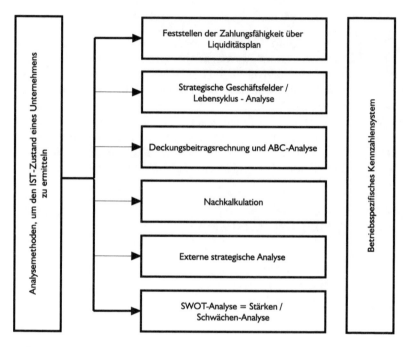

Übertragen Sie nun die Daten, die Sie im Finanzstatus gewonnen haben, als Ein- und Auszahlungsströme in die Zukunft. Vergessen Sie dabei nicht die finanziellen Konsequenzen künftiger Aktivitäten und angestrebter Änderungen: Was kostet es, wenn Sie Büroräume anmieten oder aufgeben, was bringt es, wenn Sie Ihre Forschungsabteilung schließen oder erweitern?

Hier sehen Sie ein Beispiel für einen solchen Finanzplan. Lassen Sie sich davon anregen, einen eigenen Finanzplan zu erstellen, der Ihrer Situation entspricht. Befragen Sie gegebenenfalls einen kompetenten

---

19   Harz, S. 69ff.

Berater. Wichtig ist, dass Sie nach dem Erstellen Ihres Finanzplans mehr Verständnis für eine sichere Finanzplanung aufbringen.

Umsatz-, Aufwand- und Ergebnisplanung	1. Plan-jahr	2. Plan-jahr	3. Plan-jahr	4. Plan-jahr	5. Plan-jahr
1. Umsätze					
1.1 Erlöse aus Umsätzen	352	450	680	1521	2154
1.2 Bestandsveränderungen	250	270	350	800	700
1.3 Aktivierte Eigenleistungen	500	200	150	50	0
1.4 Sonstige betriebliche Erlöse	0	15	50	30	80
1.5 Summe Umsätze	**1.102**	**935**	**1230**	**2401**	**2934**
2. Aufwendungen					
2.1 Material und Waren	50	10	60	120	130
2.2 Fremdleistungen	10	5	250	30	30
2.3 Personal	5	10	15	20	25
2.4 Miete, Leasing	10	10	15	15	20
2.5 Abschreibungen	0	20	25	30	50
2.6 Sonstige betriebliche Aufwendungen	5	5	10	10	10
2.7 Rückstellungen	0	5	15	20	25
2.8 Außerordentliche Aufwendungen	0	0	20	20	20
2.9 Summe Aufwendungen	**80**	**65**	**410**	**265**	**310**
3. Ergebnis der gewöhnlichen Geschäftstätigkeit	**11.022**	**8870**	**8820**	**22.136**	**22.624**

Der Finanzplan zeigt Ihnen Ihren Finanzierungsbedarf für die Zukunft. Erstellen Sie zwei verschiedene Szenarien: einmal mit und einmal ohne Maßnahmen der Revitalisierung.

Ihr Unternehmen ist zahlungsunfähig, wenn Sie aus Mangel an Zahlungsmitteln Ihre fälligen Verbindlichkeiten nicht mehr erfüllen. Der juristisch bedeutsame Zeitraum zur Prüfung der Zahlungsfähigkeit beträgt etwa sechs Monate. Deshalb sollte Ihr Finanzplan mindestens die nächsten sechs Monate umfassen.

Wichtig für Ihre Zahlungsfähigkeit sind natürlich die Umsätze, die Sie zu erwarten haben. Kurbeln Sie daher das Geschäft mit solchen Produkten an, die hohe Umsätze versprechen. Produkte mit wenig

Umsatzchancen nehmen Sie entweder ganz aus dem Programm oder fahren zumindest Ihre Bemühungen darum herunter.

Deckungsbeitragsrechnung und ABC-Analyse

Die Deckungsbeitragsrechnung ist nicht unbedingt ein anderes Wort für Alimente.

Manfred Grau[20]

Die Deckungsbeitragsrechnung zeigt Ihnen, welche Ihrer Produkte welchen Beitrag zum Betriebserfolg leisten und mit welchen Kunden Sie Ihren Hauptumsatz machen: Verdienen Sie an einem Produkt mehr, als es Sie kostet, deckt es nur gerade eben seine Kosten, oder machen Sie damit sogar Verluste?

Die ABC-Analyse bringt alle Ihre Produkte oder Dienstleistungen in eine Rangfolger: A bezeichnet die wichtigen, hochwertigen und umsatzstarken Bereiche, B die mittelwichtigen und mittelwertigen mit mittlerer Umsatzstärke und C die weniger wichtigen, niedrigwertigen und umsatzschwachen. Die folgende Tabelle zeigt Ihnen die typische Aufteilung zwischen A-, B- und C-Produkten:

Klasse	Wertanteil	Mengenanteil
A	ca. 60 – 85%	ca. 10%
B	ca. 10 – 20%	ca. 15 – 25%
C	ca. 10 – 20%	ca. 65 – 75%

Wenn Sie eine ABC-Analyse mit Kunden durchführen, erkennen Sie oft, dass Sie 80 % Ihres Umsatzes mit 20 % Ihrer Kunden erwirtschaften, eben den A-Kunden. Berücksichtigen Sie dabei die alte kaufmännische Regel: kein Auftraggeber größer als 25 %, kein Marktsegment

---

20 Deutscher Betriebswirt und Publizist, * 1948.

größer als 25 % und kein Auftrag größer als 20 % des eigenen Gesamtvolumens.

Trotz oder gerade wegen ihrer Einfachheit zählt die ABC-Analyse zu den aussagekräftigsten Methoden bei der Ist-Analyse Ihres Unternehmens. Mit ihrer Hilfe können Sie bei Produkten und Kunden die Spreu vom Weizen trennen. Setzen Sie auf dieser Grundlage Schwerpunkte: Erhalten Sie schwache Produkte nicht aufrecht, und optimieren Sie die Leistungen für Ihre umsatzstarken Kunden.

Die ABC-Analyse können Sie natürlich auch für alle anderen wichtigen Kennzahlen Ihres Unternehmens durchführen. Insbesondere die ABC-Analyse nach absoluten Deckungsbeiträgen ist ein hervorragendes Analyseinstrument:

| Deckungsbeitrag

Der Deckungsbeitrag bezeichnet diejenige Summe, die von einem Umsatzerlös übrig bleibt, nachdem Sie alle Ausgaben abgezogen haben, die direkt dem entsprechenden Auftrag zuzurechnen sind, zum Beispiel Material, Fremdleistungen, Vertriebskosten, Werbung, Skonti, Rabatte und Provisionen. Mit dem Deckungsbeitrag decken Sie Ihre Fixkosten, die sich keinem Auftrag direkt zurechnen lassen, etwa Ihre Verwaltungskosten. Am besten berechnen Sie den Deckungsbeitrag schon vor Annahme eines Auftrages und prüfen nach Abschluss, ob Sie ihn tatsächlich erwirtschaftet haben.[21]

Den Deckungsbeitrag errechnen Sie nach der Formel:

Deckungsbeitrag = Umsatz – variable Kosten

Je höher der Deckungsbeitrag eines Auftrags, eines Produkts oder einer Abteilung ist, desto höher ist ihr Stellenwert unter betriebswirtschaftlichen Gesichtspunkten. Berücksichtigen Sie diese Berechnungen bei der Revitalisierung Ihres Unternehmens.

---

21 http://www.kmueg.de/home/texte/themen/existgruend/imp0305s80.doc

Nachkalkulation

Nullen, die hinter mir stehen,
verzehnfachen mich. Eine Eins, die
vor mir steht, dezimiert mich.

  Prof. Dr. Rainer Kohlmayer[22]

Durch Nachkalkulation können Sie auch bei Ihren umsatzstärksten Produkten (den A-Produkten) noch eine Menge einsparen, denn gerade hier lassen sich oft viele Kosten vermeiden. Viele Firmen kalkulieren ihre Preise einmalig zur Einführung des Produkts und führen nie eine Nachkalkulation durch. Dabei ändern sich viele Parameter im Lauf der Zeit: Rohstoffpreise, Wechselkurse, Losgrößen.

---

22   deutscher Germanist, * 1940.

Lebenszyklus- und Portfolio-Analyse

Als nächstes lernen Sie mit der Lebenszyklus- und der Portfolio-Analyse eher strategische Methoden kennen. Mit ihrer Hilfe können Sie sich Fragen beantworten wie: Ist mein Produkt langsam am Sterben? Sollten wir dem Produkt neue Eigenschaften hinzufügen, um seinen Lebenszyklus zu verlängern?

Für seinen 60-jährigen Sohn wird ein Vater kaum ein Bausparbuch anlegen, für seine dreijährige Tochter kaum einen Platz im Altersheim reservieren. Wo jemand oder ein Produkt in seinem Lebenszyklus steht, beeinflusst alle Entscheidungen. Hat das Produkt ausgedient, sollten Sie das Marketing-Budget in der Regel einfrieren. Die Lebenszyklus-Analyse ist die Standardmethode der strategischen Planung. Hier sehen Sie das Schema für einen typischen Produkt-Lebenszyklus.[23]

Kennzeichen des Produkt-Lebenszyklus

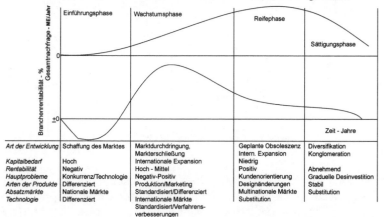

Art der Entwicklung	Schaffung des Marktes	Marktdurchdringung, Markterschließung	Geplante Obsoleszenz Intern. Expansion	Diversifikation Konglomeration
Kapitalbedarf	Hoch	Internationale Expansion	Niedrig	
Rentabilität	Negativ	Hoch - Mittel	Positiv	Abnehmend
Hauptprobleme	Konkurrenz/Technologie	Negativ-Positiv	Kundenorientierung	Graduelle Desinvestition
Arten der Produkte	Differenziert	Produktion/Marketing	Designänderungen	Stabil
Absatzmärkte	Nationale Märkte	Standardisiert/Differenziert	Multinationale Märkte	Substitution
Technologie	Differenziert	Internationale Märkte Standardisiert/Verfahrens- verbesserungen	Substitution	

Führen Sie nun die Daten aus der Lebenszyklusanalyse mit Ihren Informationen aus der Deckungsbeitragsrechnung und der ABC-Analyse zusammen und weisen Sie so den Produkten ihre Bedeutung für das Unternehmen zu: die Portfolio-Analyse. Sie liefert Ihnen die öko-

---

23 Nach Prof. Dr. Arnold Hermanns, Universität der Bundeswehr München.

nomische Basis für künftige Umsätze, Fixkosten und Deckungsbeiträge.

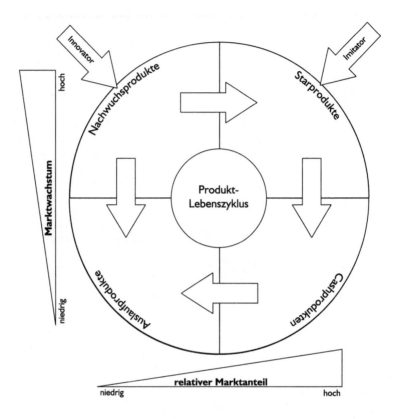

Ordnen Sie Ihre einzelnen Produkte beispielsweise als Auslauf-, Cash-, Nachwuchs- oder Star-Produkte ein. Jede dieser Gruppen birgt eigene Gefahren und Chancen: Die Konkurrenz könnte Ihre Starprodukte nachahmen. Auslaufprodukte dagegen stellen oft eine Kostenfalle dar – dann leiten Sie besser Ihren Rückzug aus dem Markt ein. Womöglich merken Sie dabei, dass Sie die zukünftigen Chancen und Bedrohungen für diese Produkte noch nicht einschätzen können. Dann hilft Ihnen die SWOT-Analyse weiter:

SWOT-Analyse

Wohin ich auch blicke, überall
erwachsen aus Problemen Chancen.

John Davison Rockefeller[24]

Die SWOT-Analyse zeigt Ihnen, wo Ihr Unternehmen im Markt und im Wettbewerb zurzeit steht. Dafür tragen Sie als Alchimedus mit Ihrem Revitalisierungsteam alle Stärken (**S**trengths), Schwächen (**W**eaknesses), Chancen (**O**pportunities) und Gefahren (**T**hreats) in der gegenwärtigen und zukünftigen Unternehmenssituation zusammen. Dazu zählen natürlich auch die Ergebnisse der vorangegangenen Analysen.

Insbesondere analysieren und bewerten Sie nun alle Produkte und Dienstleistungen im Vergleich zu den wichtigsten Konkurrenten. Damit Sie auch Informationen aus einzelnen Abteilungen einbeziehen können, bitten Sie am besten die Abteilungsverantwortlichen, Ihnen

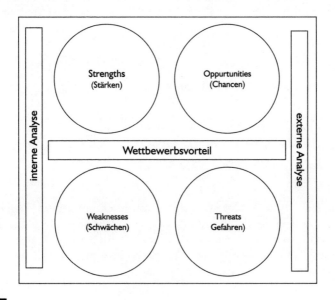

---

24 US-amerikanischer Unternehmer, * Richford, N. Y., 8. 7. 1839; † Ormond Beach, Fla., 23. 5. 1937.

diese zusammenzustellen. Schließlich wollen Sie an den Kern der Probleme gelangen und müssen daher alle Abläufe, Aufgaben und Strukturen bis zum einzelnen Arbeitsplatz durchleuchten. Ihrer Kreativität sind dabei keine Grenzen gesetzt – untersuchen Sie jedoch nur wirklich maßgebliche Bereiche.

> *Dort, wo Stärken auf Chancen treffen, können wir diese auch wahrnehmen. Wenn Schwächen auf Gefahren treffen, besteht akuter Handlungsbedarf.*
>
> Raimond Gatter[25]

«Die Vorteile der SWOT-Analyse liegen vor allem in deren Einfachheit und nahezu unbeschränkten Adaptionsfähigkeit, um Leistungsbereiche, Teile, Gruppen, Marketingvorteile sowie Unternehmenskonstruktionen zu beurteilen und objektiv zu analysieren».[26] Wenn Sie Ihr Unternehmen mit dieser Methode analysieren, sollten Sie seine Stellung im Vergleich zur Konkurrenz deutlich erkennen und einordnen.

Externe strategische Analyse

> *Nur der Außenstehende, nicht der Verwandte erkennt den Aussatz.*
>
> Babylonischer Talmud Sewachim 102

Alle bisherigen Analysen erfolgten unternehmensintern. Das birgt immer die Gefahr der Betriebsblindheit – deshalb sollten Sie auch externe Quellen in die strategische Analyse Ihres Unternehmens einbinden. Gerade in kleinen und mittelständischen Unternehmen sind solche Informationen oft Mangelware.

——

25 Innovationsmanager, Schweiz
26 Rant, S. 16.

Beschaffen Sie als Alchimedus mit Ihrem Revitalisierungsteam deshalb zweckmäßige, brauchbare Daten über folgende Bereiche:

◆ Marktanteile

◆ stärkste Mitbewerber

◆ Produktivitätsvergleiche

◆ Technologievergleiche

◆ Qualitätsvergleiche

◆ Kundenprofile

◆ Preispolitik

◆ Vertriebsstrukturen

Solche Informationen erhalten Sie von Marktforschungsinstituten, in Fachpublikationen, bei den Industrie- und Handelskammern, von Business-Analysten, vor allem aber aus Kundengesprächen und indem Sie studieren, wie Ihre Konkurrenz arbeitet.

Die Ergebnisse dieser externen Analyse fassen Sie dann mit allen anderen Erkenntnissen und Fakten aus der Revitalisierungsanalyse in einem Prüfungsbericht zusammen. Dieser untersucht Krisenursachen und -symptome und liefert eine Bestandsaufnahme der strategischen und finanziellen Lage, der Ertragslage sowie der Managementkapazität.

Anhand dieser Informationen bewerten Sie die Schwachstellen Ihres gesamten Geschäftssystems. Damit beinhaltet der Prüfungsbericht die Entscheidung «Weitermachen oder nicht». Falls Sie sich als Alchimedus mit Ihrem Team entschließen, dass Sie das Unternehmen revitalisieren wollen, müssen Sie nun ein geeignetes Krisenführungssystem aufbauen.

Krisenführungs- und Kennzahlensystem

E rarbeiten Sie sich nun mit Ihren Informationen aus dem Prüfbericht ein System von wirtschaftlichen Kennzahlen zur Revitalisierung Ihres Unternehmens – wer die Zahlen kennt, kennt viel vom Unternehmen. Trotzdem ersetzen sie das Gefühl für das Unternehmen nicht. Nur zusammen mit dem Gespür für das Unternehmen und die darin arbeitenden Menschen geben die Zahlen Auskunft über den Fortgang Ihrer Maßnahmen.

Häufig verwendete Kennzahlen sind etwa EBIT (**E**arnings **B**efore **I**nterest and **T**axes) und EBITDA, das Ergebnis vor Zinsen, Steuern und Abschreibungen (**E**arnings **B**efore **I**nterest and **T**axes, **D**epreciation and **A**mortisation). Diese Kennziffern bilden das Unternehmensergebnis ab und ermöglichen verzerrungsfreie Zeit- und Unternehmensvergleiche. Sie bringen jedoch auch Probleme mit sich.

Gemeinsam ist beiden Kennzahlen, dass sie den Zins- und Steueraufwand nicht berechnen. Berücksichtigen Sie Ihren Zinsaufwand, wenn die besondere Finanzierungsstruktur Ihres Unternehmens (hoher Anteil an Eigen- oder Fremdkapital) das Ergebnis nicht verzerren soll. Ihren Steueraufwand ziehen Sie ab, wenn Sie etwa Länder übergreifende Vergleiche durchführen möchten. Dass EBITDA die

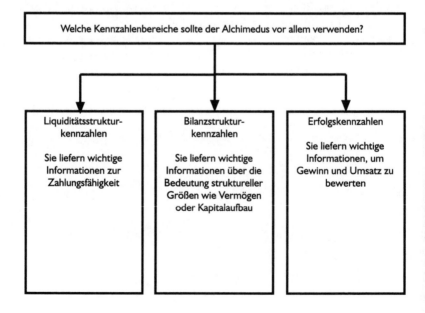

Welche Kennzahlenbereiche sollte der Alchimedus vor allem verwenden?

Liquiditätsstruktur-kennzahlen

Sie liefern wichtige Informationen zur Zahlungsfähigkeit

Bilanzstruktur-kennzahlen

Sie liefern wichtige Informationen über die Bedeutung struktureller Größen wie Vermögen oder Kapitalaufbau

Erfolgskennzahlen

Sie liefern wichtige Informationen, um Gewinn und Umsatz zu bewerten

Abschreibungen nicht einbezieht, trägt den begrenzt vorhandenen Spielräumen bei der Bemessung Ihrer Abschreibungen Rechnung. Außerdem beeinflussen Abschreibungen zum Zeitpunkt ihres Entstehens die Liquidität nicht.

Probleme wirft diese Struktur von EBIT und EBITDA auf, weil Zinsen, Steuern und Abschreibungen typische Aufwendungen bei der unternehmerischen Tätigkeit darstellen. Sie beeinflussen objektiv den Unternehmenserfolg. Ihr tatsächlicher Gewinn steigt nicht dadurch, dass Sie diese Positionen nicht berechnen – womöglich verschleiern Sie dadurch sogar Ihre Verluste. Deshalb erlauben EBIT und EBITDA keine wirkliche Aussage über Ihr Unternehmensergebnis.

Finanzierungs- und Liquiditätskennzahlen

Dagegen eignen sich folgende Kennzahlen über Ihre Liquidität, Ihre Bilanzstruktur und Ihren Erfolg ganz besonders dafür, um anhand ihrer Entwicklung zu prüfen, ob Ihnen die Revitalisierung Ihres Unternehmens gelingt. Tragen Sie alle Kennzahlen zusammen und schreiben Sie sie auf ein Blatt DIN A 2-Papier. Dann lassen Sie die Zahlen auf sich wirken und versuchen, übergreifende Zusammenhänge zu erkennen.

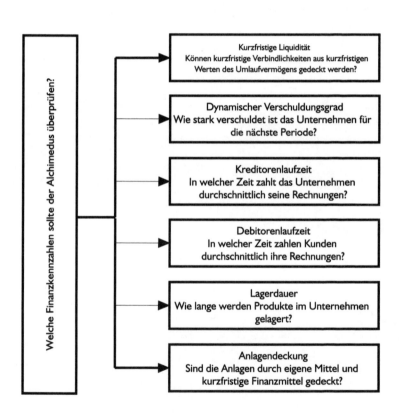

Kurzfristige Liquidität

Ihre Erfolgschancen wachsen mit
Ihrer Liquidität!
   Unbekannt

$$Kurzfristige.Liquidität = \frac{flüssigeMittel + Wertpapiere + sonst.kurzfr.Umlaufverm.}{kurzfristigesFremdkapital}$$

Kein Mensch hat gern den Gerichtsvollzieher vor der Tür, Unternehmen schon gar nicht. Deshalb ist es sehr wichtig, dass Sie immer kurzfristig zahlungsfähig bleiben. Darüber gibt Ihnen diese Kennzahl Aufschluss: In welchem Umfang könnten Sie Ihre kurzfristigen Verbindlichkeiten aus kurzfristigen Werten Ihres Umlaufvermögens decken? Dabei erkennen Sie schnell, wenn wachsende Schulden Ihre Zahlungsfähigkeit immer mehr bedrohen. Wenn Sie große Schwankungen erkennen oder Sie gar kurzfristig immer weniger zahlungsfähig sein sollten, müssen Sie als Alchimedus sofort Gegenmaßnahmen ergreifen.

Cashflow und Dynamischer Verschuldungsgrad

Vom Dulden zum Verschulden führt
häufig nur ein kurzer Weg.
   Erich Limpach[27]

$$DynamischerVerschuldungsgrad = \frac{Fremdkapital}{Cashflow}$$

Eine oft genannte betriebswirtschaftliche Kennziffer ist der «Cashflow»: Berechnen Sie denjenigen Betrag, den Ihr Unternehmen aus eigenen Erträgen erwirtschaftet und den Sie zur Selbstfinanzierung und/oder zur Schuldentilgung verwenden können.
Stellen Sie sich vor, dass Sie den Cashflow Ihres Unternehmens ausschließlich zur Tilgung Ihrer Schulden verwenden. Dann erkennen

---

27   Deutscher Dichter, Schriftsteller und Aphoristiker,* 1889; † 1965.

Sie, wie viele Jahre es dauern würde, bis Ihr Unternehmen schuldenfrei wäre. Diese Zahl ist der «dynamische Verschuldungsgrad». Es handelt sich dabei um einen rein theoretischen Wert, denn er setzt voraus, dass Sie in den Folgejahren einen Cashflow in unveränderter Höhe erwirtschaften, ihn nicht für andere Zwecke verwenden und dass Sie auch keine neuen Verbindlichkeiten eingehen.

Sie erkennen an dieser Kennzahl aber leicht, wenn Ihr Schuldenberg immer weiter wächst. Diese Situation verlangt von Ihnen als Alchimedus schnelles Handeln. Beobachten Sie deshalb laufend den dynamischen Verschuldungsgrad.

Debitorenlaufzeit

Bei der heutigen Zahlungsmoral wird
so mancher Gläubiger selbst schnell
zum Schuldner.

    Erhard Blanck[28]

$$Debitorenlaufzeit = Kundenziel(Tage) = \frac{Forder.ausLief.undLeist.}{Nettoumsatz} \times 360 = ...Tage$$

Viele Geschäfte im Leben verlaufen Zug um Zug: der Einkauf beim Bäcker, beim Lebensmittelhändler oder im Kaufhaus. Bei manchen Unternehmensgeschäften allerdings kommt nur einer zum Zug – der Anbieter liefert seine Ware, der Kunde zahlt gar nicht oder erst sehr spät. Hier kann leicht die Ursache der Krise liegen.

Bauen Sie deshalb Ihre Verschuldung dadurch ab, dass Sie andere dazu bringen, ihre Schulden bei Ihnen schneller zurückzuzahlen. Verschaffen Sie sich einen Überblick über die Zahlungsmoral Ihrer Kunden, indem Sie die Debitorenlaufzeit betrachten: Diese Kennzahl gibt an, wie lange sich Ihre Kunden Zeit lassen, um ihre Rechnungen zu begleichen. Bilden Sie dabei jährliche, quartalsweise oder monatliche Durchschnittswerte.

—

28   deutscher Schriftsteller, * 1942.

Kreditorenlaufzeit

Gläubiger haben ein besseres
Gedächtnis als Schuldner.

Benjamin Franklin

$$Kred.laufzeit = Lieferantenziel(Tage) = \frac{Waren\,und\,Wechselverbind.}{Materialaufwand} \times 360 = ...Tage$$

Ein Grundsatz der Finanzbuchhaltung lautet: «Gläubiger müssen dran glauben, Schuldner glauben nicht zu müssen.» Lernen Sie hieraus, Ihre eigenen Schulden nicht unnötig früh zu bezahlen.

Die Kreditorenlaufzeit besagt, welches Zahlungsziel Ihr Unternehmen durchschnittlich bei seinen Lieferanten in Anspruch nimmt. Berechnen Sie auch hier durchschnittliche Werte für jeden Monat, jedes Quartal und jedes Jahr.

Untersuchen Sie dann als Alchimedus, ob Ihr Unternehmen Rechnungen unnötig früh begleicht. Damit schränken Sie Ihre Liquidität ein und akzeptieren Zinsverluste. Sie lassen sich also Gewinn entgehen.

Lagerdauer

Bei genauerem Hinsehen hat das
Horten und Sammeln sehr viel mit
Zeit zu tun. Denn diese vielen Sachen
erfordern ein ständiges Hin- und
Herräumen.

Ilse Plattner[29]

$$Lagerdauer = \frac{Vorräte}{Materialaufwand} \times 360 = ...Tage$$

In Krisenzeiten sind volle Lager mit Vorräten viel Wert. Für Unternehmen dagegen sind volle Lager in der Regel nicht sinnvoll, denn sie

---

29 Zeit-Beraterin.

bedeuten nicht verkaufte Waren. Eine lange Lagerdauer deutet darauf hin, dass die Produkte länger als nötig Kosten verursachen und keinen Umsatz bringen.

Beachten Sie als Alchimedus deshalb die Lagerdauer: Wie lange lagern Sie durchschnittlich Ihre Vorräte im Unternehmen? Ermitteln Sie den Wert wieder pro Jahr, pro Quartal und pro Monat.

Ist der Wert hoch, dann ist der Teil Ihres Vermögens, der sich im Umlauf befindet, zu groß und verursacht deshalb zu hohe Kosten und zu wenig Gewinn. Aber immerhin gehört dieses Vermögen in der Regel Ihrem Unternehmen.

Anlagendeckung

$$Anlagendeckung = \frac{Eigenkapital + langfristigesFremdkapital}{Anlagevermögen + Unterbilanz} \times 100$$

Ihr Anlagevermögen hingegen haben Sie womöglich fremd finanziert. Das kann in der Krise einen großen Unsicherheitsfaktor darstellen. Prüfen Sie deshalb als Alchimedus die Anlagendeckung.

Diese Kennzahl teilt Ihnen mit, welche Anteile Ihres Anlagevermögens auf Eigenkapital beruhen und welche Sie durch Fremdkapital finanziert haben. Eine goldene Bilanzregel lautet: Anlagevermögen verbleibt langfristig im Unternehmen – finanzieren Sie es daher auch langfristig durch Eigenkapital und/oder langfristiges Fremdkapital.

Sie als Alchimedus erkennen aus der Anlagendeckung, ob Ihr Unternehmen auf soliden Füßen steht. Beträgt Ihre Anlagendeckung aus Eigenkapital etwa nur 50 Prozent, besteht die Gefahr, dass Ihre Gläubiger im Ernstfall das Herz Ihres Unternehmens, also seine Anlagen, verpfänden lassen. Das bedroht dann den Bestand Ihres Unternehmens.

Bilanzstrukturkennzahlen

Die Bilanz ist das Jahreszeugnis des Managers.

Helmar Nahr[30]

Bisher standen bei den betriebswirtschaftlichen Kennziffern die Zahlungsfähigkeit und die Finanzstruktur Ihres Unternehmens im Vordergrund. Die folgenden Kennzahlen zur Bilanzstruktur dagegen bewerten vor allem strukturelle Aspekte Ihres Unternehmens. Sie liefern deshalb mehr Erkenntnisse über seine grundsätzliche Ausrichtung.

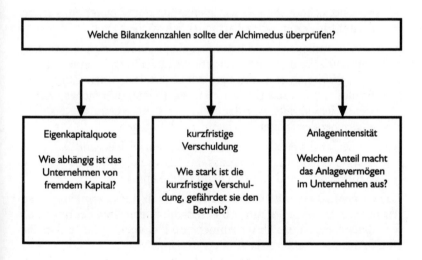

---

30   Deutscher Mathematiker und Unternehmer, * 1931.

Eigenkapitalquote

Eigenkapital muss die
höchstmögliche Rendite bringen!

Goldene Finanzregel

$$Eigenkapitalquote = \frac{wirtschaftlichesEigenkapital}{Bilanzsumme} \times 100$$

Stellen Sie sich vor, Sie bauen ein Haus, und alle Materialien, die Sie benutzen, gehören anderen, und diese anderen könnten sie auch jederzeit wieder zurückfordern – so sieht die Situation eines Unternehmens ohne jegliche Eigenkapitalbasis aus. Bei Unternehmen in der Krise schrumpft normalerweise die Eigenkapitalbasis, und das erhöht ihr Existenzrisiko noch weiter.

Eigenkapital hat folgende Funktionen:

1. Bestand sichern: Eine hohe Eigenkapitalquote bietet ein Krisenpolster für Zeiten wirtschaftlicher Schwäche.

2. Kreditwürdigkeit: Eine hohe Eigenkapitalquote signalisiert dem Kapitalmarkt, dass Ihr Unternehmen in der Vergangenheit erfolgreich gewirtschaftet hat. Das erleichtert Ihnen den Zugang zu Fremdkapital. Kreditinstitute stellen Ihnen zusätzliches Fremdkapital gewöhnlich nur dann zur Verfügung, wenn Sie über ein ausreichendes Polster an Eigenkapital verfügen.

3. Risiken absichern: Wer neue Produkte entwickeln und sich neue Märkte erschließen will, muss das Risiko hoher Verluste tragen. Dafür benötigen Sie ausreichend Eigenkapital.

Die Eigenkapitalquote bezeichnet den Anteil Ihres Eigenkapitals an der Bilanzsumme. Sie erläutert Ihnen dadurch den Grad der finanziellen Abhängigkeit Ihres Unternehmens und ist wichtig dafür, dass Sie Ihre finanzielle Stabilität beurteilen können.

Die durchschnittliche Eigenkapitalquote deutscher Unternehmen beträgt etwa 20 Prozent. Das bedeutet allerdings nicht, dass der Rest auf Fremdkapital entfällt. Denn eine weitere wichtige Position in deutschen Bilanzen sind Rückstellungen, über die das Unternehmen zwischenzeitlich für Finanzierungszwecke verfügen kann, bis die Verpflichtung fällig ist. Durchschnittlich 21 Prozent deutscher Bilanzsummen entfallen auf Rückstellungen.

Trotzdem gilt für Sie als Alchimedus: Falls Ihre Eigenkapitalquote zu gering ist, leiten Sie Maßnahmen ein, um neues Kapital zu beschaffen. Sie können etwa stille Beteiligungen akquirieren oder Kapitalerhöhungen initiieren.

UK		38,5
E		36,9
DK		35,8
CAN		30,1
USA		28,5
I		25,9
F		21,5
D		19,6
NL		16,0

Eigenkapitalquoten großer Industrieunternehmen 1999 – Haftendes Eigenkapital in Prozent der Bilanzsumme. Quelle: Worldscope, Berechnungen IW Köln.

Anlagenquote

Wer seinen Kreditsachbearbeiter erschießt, hatte vermutlich schlechte Anlagen.

Wolfgang Reus[31]

$$Anlagenquote = \frac{Anlagevermögen}{Bilanzsumme} \times 100$$

Bedenken Sie, welche Vermögenswerte das Eigenkapital Ihres Unternehmens binden. Darüber informiert Sie die Anlagenquote, das Verhältnis von Anlagevermögen und Umsatz.

Produktionsunternehmen haben in der Regel eine hohe Anlagenquote etwa im Vergleich zu Handelsbetrieben. Eine hohe Anlagenquote kann auch allgemein darauf hinweisen, dass Ihr Betrieb stark

31 Deutscher Aphoristiker, Satiriker, Fachjournalist und Autor, * 1959.

automatisiert ist. Umgekehrt kann ein niedrigerer Wert auf hohem Umlaufvermögen beruhen: Womöglich ist das Sortiment zu breit oder die Fertigungszeit zu lang, so dass der Absatz stockt. Der Lagerbestand wächst und damit das Kapital, das im Umlaufvermögen gebunden ist.

Erstellen Sie als Alchimedus Stärken-/Schwächen- und Gefahren-/Chancen-Szenarien, und finden Sie heraus, wo die optimale Anlagenintensität für Ihr Unternehmen liegt. Vielleicht kommen Sie dabei zu dem Schluss, dass Sie besser Teile der Produktion zu Subunternehmern verlagern (Outsourcing) oder bestimmte Waren einkaufen, die Sie bisher selbst produziert haben.

Kurzfristige Verschuldung

Lege nicht der Zeit zur Last,
was selber du verschuldet hast.

Sprichwort

$$kurzfristige Verschuldung = \frac{kurzfristiges Fremdkapital}{Bilanzsumme} \times 100$$

Beobachten Sie als Alchimedus die kurzfristige Verschuldung Ihres Unternehmens. Wollen Sie womöglich durch kurzfristige Schulden ein langfristiges Problem lösen? Dann werden Sie schnell Schwierigkeiten mit Ihrer Bank bekommen und bald keine weiteren Kredite erhalten.

Berechnen Sie aber auch die Quote der mittel- und langfristigen Verschuldung: die Differenz von Eigenkapitalquote und kurzfristiger Verschuldung. Richten Sie Ihren Blick auf Veränderungen, und beurteilen Sie, was Ihre Verschuldung verursacht und welche Bedeutung für Ihr Unternehmen diesen Ursachen zukommt. Je nachdem, ob das aus der Verschuldung bezogene Kapital Ihre Erträge steigert, wirken die Schulden sich positiv oder negativ aus.

Erfolgskennzahlen

Erfolg folgt, wenn man sich selbst
folgt. Wo unsere Gaben liegen, liegen
unsere Aufgaben.

Florian Felix Weyh[32]

Worin besteht der Erfolg eines Unternehmens? In seinem Gewinn, seinem Umsatz, seiner Überlebensfähigkeit oder der Zufriedenheit seiner Mitarbeiter? Wohl eine Kombination aus allem. In der Krise

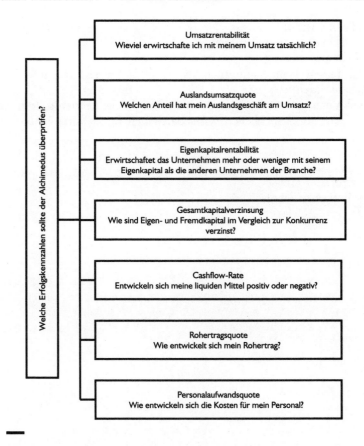

---

32   Schriftsteller und Journalist, * Düren, 1963.

kommt es aber vor allem darauf an, das Überleben Ihres Unternehmens zu sichern, bevor Sie es überhaupt revitalisieren können.

Sehen Sie sich deshalb als Alchimedus im Fall der Krise die Erfolgskennzahlen Ihres Unternehmens genau an. Prüfen Sie auf kurze Sicht vor allem seine Überlebensfähigkeit, aber optimieren Sie auf mittlere und lange Sicht auch Umsatz und Gewinn. Wichtige Informationen hierzu liefern Ihnen die Erfolgskennzahlen. Beschränken Sie sich dabei nicht auf reine Zahlreiterei, sondern bedenken Sie auch das Klima im Unternehmen und die Zufriedenheit Ihrer Mitarbeiter.

Die einzelnen Erfolgskennzahlen ermitteln Sie anhand unterschiedlicher Verfahren. Grundlegend ist dabei die Gesamtleistung:

Nettoumsatz
+ Bestandserhöhungen
− Bestandsminderungen
+ aktivierte Eigenleistungen
= Gesamtleistung

Bei reinen Handelsunternehmen sind Gesamtleistung und Nettoumsatz identisch.

Auch das Betriebsergebnis ist eine Zahl, die Sie kennen sollten. Sie beziffert den tatsächlichen wirtschaftlichen Erfolg Ihres Unternehmens:

Jahresüberschuss
+ neutraler Aufwand
− neutraler Ertrag
= Betriebsergebnis

Umsatzrentabilität (Gewinnspanne)

Der Imperativ der Rentabilität hat
den kategorischen Imperativ von
Kant ersetzt.

Denis de Rougement[33]

$$Umsatzrentabilität = \frac{Betriebsergebnis}{Gesamtleistung} \times 100$$

Immanuel Kant hat den kategorischen Imperativ formuliert: «Handle nur nach derjenigen Maxime, durch die du zugleich wollen kannst, dass sie allgemeines Gesetz werde.» – Dieses Prinzip steht nicht im Konflikt mit der Rentabilität. Vielmehr gilt: Sie sollten sicherstellen, dass ein für die Allgemeinheit wichtiges Unternehmen rentabel arbeitet und Umsätze macht.

Leiten Sie als Alchimedus also Maßnahmen ein, mit denen Sie eine optimale Rentabilität erreichen. Bestimmen Sie dazu erst einmal die Stellung Ihres Unternehmens, und beurteilen Sie seine Ertragskraft anhand seiner Umsatzrentabilität. Diese Kennziffer ermöglicht es Ihnen, die Erfolge mehrerer Jahre einfach miteinander zu vergleichen. Setzen Sie den Betriebserfolg (Gewinn) ins Verhältnis zum Geschäftsumfang (Umsatz). Aus Veränderungen können Sie auf eine verbesserte oder verschlechterte Wirtschaftlichkeit schließen. Sie erhalten daraus auch Hinweise, wo Ihr Unternehmen innerhalb der Branche im Verhältnis zu vergleichbaren Betrieben steht.

---

33   Schweizer Schriftsteller und Kulturphilosoph, * 1906; † 1985.

Eigenkapitalrentabilität

Nicht nur Wohltun trägt Zinsen,
auch Zinsen tun wohl.

Unbekannt

$$Eigenkapitalrendite = \frac{Jahresüberschuss}{Eigenkapital} \times 100$$

Die Medizin zielt darauf, dass ein Mensch aus eigener Kraft gesund leben und seine Leistungen vollbringen kann. Ähnlich wirken Sie als Alchimedus auf das Eigenkapital: Sie führen es zu möglichst großem Ertrag, machen es rentabler. Das Eigenkapital wirkt also auf Ihre Firma wie gute Medizin.

Die Eigenkapitalrentabilität gibt dabei den Prozentsatz an, mit dem sich das eingesetzte Eigenkapital in einer Periode verzinst. Die Verzinsung sollte über den marktüblichen Zinssätzen liegen.

Gesamtkapitalverzinsung

Wussten Sie schon, dass eine
schlechte Geldanlage ein
Kapitalverbrechen ist?

Werner Mitsch

$$Gesamtkapitalverzinsung = \frac{Betriebsergebnis + Zinsaufwand}{Bilanzsumme} \times 100$$

Um die Rentabilität Ihres Unternehmens realistisch darzustellen, müssen Sie nun noch die Zinsen mit einbeziehen, die Sie für Fremdkapital bezahlen. Dadurch gelangen Sie zur Gesamtkapitalverzinsung.

Diese Kennzahl vergleicht das um die Zinsen auf Fremdkapital erweiterte Betriebsergebnis mit dem gesamten Kapital, das in Ihrem Unternehmen gebunden ist (eigenes und fremdes). Diese Rechnung neutralisiert die unterschiedliche Ausstattung von Unternehmen mit Eigen- und Fremdkapital. Deshalb können Sie anhand der Gesamtkapitalverzinsung vor allem im Vergleich innerhalb Ihrer Branche gut beurteilen, welche Ertragskraft Ihr Unternehmen besitzt. – Auch hier gilt: Nur wenn sich Ihre unternehmerische Tätigkeit höher verzinst als auf dem Kapitalmarkt üblich, lohnt sie sich.

Erkennen Sie als Alchimedus, dass die Gesamtkapitalverzinsung ungenügend ist, so können Sie entweder versuchen, zinsgünstigeres Fremdkapital zu beschaffen oder das Eigenkapital rentabler zu machen.

Cashflow-Rate

Wenn man aus einer Kasse, in der hundert Mark drin sind, dreihundert Mark raus nimmt, dann muss man wieder zweihundert Mark rein tun, damit nichts mehr drin ist.

Prof. Dr. h. c. Manfred Rommel[34]

$$Cashflow - Rate = \frac{Cashflow}{Gesamtleistung} \times 100$$

Das oberste Credo jeder Kasse lautet: Die Kasse muss stimmen. Deshalb sollten Sie immer Geld in der Kasse Ihres Unternehmens haben. Oder betriebswirtschaftlich ausgedrückt: Sie sollten einen positiven Cashflow haben. Denn wenn Sie nicht genügend liquide Mittel besitzen, müssen Sie sie statt dessen als teures Fremdkapital beschaffen.

Wenn der Cashflow regelmäßig wächst, ist die Cashflow-Rate positiv. Diese Kennzahl hilft Ihnen, die Ertragskraft Ihres Unternehmens zu beurteilen, wenn Ihr Betriebsergebnis einerseits und Ihre Abschreibungen und langfristigen Rückstellungen andererseits sich im Laufe der Zeit gegenläufig entwickeln. Sie deckt solche entgegen gesetzten Verläufe auf.

---

34   Jurist, Politiker (CDU), * Stuttgart, 24. 12. 1928.

*Wenn bei einem Unternehmen die
Kasse nicht stimmt, müssen sich
entweder die Zahlen ändern oder die
Gesichter.*

Dr. rer. pol. Friedrich Karl Flick[35]

Rohertragsquote

$$Rohertragsquote = \frac{Gesamtleistung - Materialaufwand}{Gesamtleistung} \times 100$$

Der Rohertrag bezeichnet die Differenz von Umsatz und Wareneinsatz. Im Gegensatz zum Gewinn berücksichtigt er den Aufwand nicht, den Ihr Unternehmen für ihn betrieben hat.

Wenn Sie den Rohertrag in Bezug zum Umsatz setzen, erhalten Sie die Rohertragsquote. Diese Kennzahl drückt die Wertschöpfung Ihres Unternehmens in Prozent aus. Sie berücksichtigt nur den Materialaufwand, nicht aber Ihren innerbetrieblichen Aufwand etwa für die Verwaltung.

Die Differenz zwischen Ihrer Rohertragsquote und Ihrem Umsatz bezeichnet Ihre Materialaufwandsquote. Wenn Ihr Unternehmen also eine Rohertragsquote von 45 % erbringt, beträgt Ihre Materialaufwandsquote 55 %. Ihr Unternehmen hat demnach mit 55 % des Umsatzes in Form von Warenaufwand 45 % des Umsatzes als Rohertrag erwirtschaftet.

---

35   Deutscher Industrieller, * Berlin, 3. 2. 1927.

Personalaufwandsquote

*Die Investitionen in die Mitarbeiter
sind heute das Aufwendigste, was es
im Unternehmen gibt. Gerade darum
liegt es nahe, das Beste daraus zu
machen.*

Claus Henninger[36]

$$Personalaufwandsquote = \frac{Personalaufwand}{Gesamtleistung} \times 100$$

Sehen Sie sich als Alchimedus auch Aufwandsquoten an, die Ihnen die Aufwandsschwerpunkte Ihres Unternehmens zeigen. Anhand dieser Ergebnisse können Sie leichter Ihre künftigen Erträge prognostizieren. Aufwandsquoten können Sie für alle Aufwandspositionen berechnen. Vor allem sollten Sie dabei an die Kostenschwerpunkte Ihres Unternehmens denken. Besonders wichtig ist deshalb die Personalaufwandsquote.

Prof. Dr. h. c. Manfred Rommel, ehemaliger Oberbürgermeister von Stuttgart, kommentierte die Bemühungen zahlreicher Manager, immer mehr Personal abzubauen: «Verschlankung ist der Versuch, mit weniger Personal bessere Leistungen zu erbringen. Aber nicht übertreiben! Die wirksamste Verschlankung ist nicht die Skelettierung.» In der Tat leiden die Qualität und letztendlich Ihre Kunden schnell, wenn Sie zu viel Personal abbauen: Mitarbeiter müssen plötzlich die Arbeit mehrerer Kollegen mit erledigen, Fehler häufen sich. – Dennoch sollten Sie als Alchimedus gerade in Krisenzeiten Ihren Personalaufwand ständig beobachten.

Teilen Sie ihn zusätzlich in fixe und variable Kosten ein: Variable Kosten können Sie bei wirtschaftlichen Schwankungen flexibler ändern. Hohe Fixkosten belasten Sie gerade in Krisenzeiten.

Je nach Unternehmenslage können Sie als Alchimedus nun noch viele weitere Kennzahlen analysieren[37]. Aber verlieren Sie über den ganzen Zahlen nicht den Blick für das Wesentliche, und hören Sie auch

---

36 Deutscher Journalist, * 1942.
37 Vgl. Kennzahlensystem des Deutschen Sparkassen- und Giroverbandes.

auf Ihren gesunden Menschenverstand. Manchmal verrät die Frage «Woran liegt's⸮» beim zuständigen Mitarbeiter mehr als jede Kennzahl.

Nachdem Sie alle Analysequellen gesichtet und alle Analysemethoden angewandt haben, erstellen Sie einen Prüfungsbericht, in dem Sie die Schwachstellen Ihres Unternehmens beschreiben. Daraus erhalten Sie die Antwort, ob Sie Ihr Unternehmen revitalisieren können. – Falls nicht, ist hier Schluss. Falls doch, beginnen Sie nun mit dem eigentlichen Sanierungsprozess.

«Bei der Sanierung geht es dann um die Frage, wie bei einem in die Krise geratenen Unternehmen die existenzgefährdende wirtschaftliche Schwäche behoben und eine hinreichende Ertragsgrundlage geschaffen werden kann. Alle unternehmenspolitischen, führungstechnischen, strategischen, organisatorischen, finanz- und leistungswirtschaftlichen Maßnahmen, die eben zur Wiederherstellung der Erfolgsbasis eines Unternehmens führen, werden unter dem Begriff Sanierung subsumiert».[38]

Sofortmaßnahmen zur Revitalisierung

Wer neu anfangen will, soll es sofort tun, denn eine überwundene Schwierigkeit vermeidet hundert neue.

Konfuzius[39]

Ergreifen Sie als Alchimedus mit Ihrem Team nun Sofortmaßnahmen, um Ihr Unternehmen aus der Krise zu führen. Sofortmaßnahmen haben Kraft: Ein Feuerwehrmann holt einen Verletzten aus dem brennenden Haus, ein Arzt hilft bei einem Herzanfall, der Körper selbst verursacht bei einer Fischvergiftung einen Würgereiz.

Mit Hilfe Ihres Prüfungsberichtes können Sie Maß nehmen: Maß nehmen wie ein Bogenschütze, um mit Ihren Sofortmaßnahmen ins

----

38 Harz, Sanierungsmanagement, S. 33.

39 Chinesischer Philosoph, * 551 v. Chr.; † 479 v. Chr.; latinisiert aus Kong Fuzi, Meister Kung.

Ziel zu treffen, um das Überleben Ihres Unternehmens zu sichern und es zu heilen. Sie haben Ihre betriebsspezifischen Schwachstellen herausgearbeitet – leiten Sie daraus nun erste Ziele ab, die Ihr Unternehmen kurzfristig erreichen kann, etwa:

◆ Liquidität sichern oder erhöhen,

◆ Überschuldung beseitigen,

◆ Kosten reduzieren,

◆ Verbindlichkeiten strecken,

◆ Forderungen sichern oder einziehen,

◆ Schwächen in der Organisation beseitigen,

◆ neue Kunden oder Produkte finden,

aber durchaus auch

◆ Betriebsklima verändern,

◆ Zufriedenheit der Mitarbeiter optimieren.

Aus diesen Zielen leiten Sie Sofortmaßnahmen her, die Ihr Unternehmen ergreifen soll. Straffen Sie die Abläufe, bringen Sie stille Verluste an den Tag, und zeichnen Sie ein wirklichkeitsnahes Bild Ihres Unternehmens. Verbessern Sie an diesem Punkt als Alchimedus die Liquidität so schnell und so weit wie möglich, senken Sie Ihre Kosten, und steigern Sie Ihre Erlöse. Dadurch schaffen Sie ausreichend Spielraum, um Ihr Unternehmen neu zu strukturieren.

An der Struktur und Ausrichtung selbst rütteln Sie aber vorläufig noch nicht. Vorausgesetzt, Ihr Unternehmen verfügt noch über ausreichende Mittel, um einen Zeitraum von mehr als 90 Tagen überbrücken zu können, ist es zunächst Ihr Ziel, die Unternehmensform zu erhalten und Ihr Unternehmen wieder auf gesunde Füße zu stellen. Dafür müssen Sie es zuerst mit finanziellen Mitteln ausstatten, damit es seine Verpflichtungen erfüllen kann, bis später Ihr neues Unternehmenskonzept greift. Beginnen Sie trotzdem jetzt schon damit, ein solches Unternehmenskonzept zu erstellen, damit es gut mit dem Revitalisierungsprozess zusammenpasst.

Direkt beeinflussbare Sofortmaßnahmen

Am schnellsten können Sie als Alchimedus die Liquidität Ihres Unternehmens dort erhöhen, wo Sie nicht auf das Handeln und den guten Willen von Kunden, Banken, Lieferanten und anderen angewiesen sind.

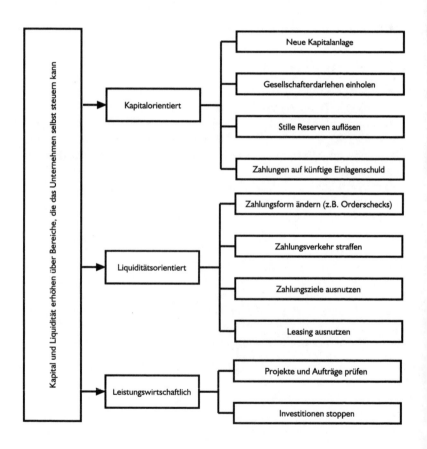

Neue Kapitaleinlage durch Gesellschafter

Gewinnen Sie Gesellschafter, die Ihrem Unternehmen neues Kapital in Form von Einlagen zuführen. Sprechen Sie dabei frühzeitig diejenigen an, die bereits am Unternehmen beteiligt sind, denn sie interessieren sich besonders dafür, dass Ihr Unternehmen weiter besteht. Bewegen Sie sie dazu, mit zusätzlichem Eigenkapital das Haftungskapital zu erhöhen. Diese Möglichkeit besteht sowohl bei Personen- als auch bei Kapitalgesellschaften. Vielleicht enthält Ihr Gesellschaftsvertrag sogar schon eine Nachschusspflicht für die Altgesellschafter, oder sie leisten freiwillige Zuschüsse.

Ziehen Sie aber auch neue Gesellschafter in Erwägung. Möglicherweise müssen Sie dann mehr Überzeugungsarbeit leisten, und Sie können nicht sofort zusätzliches Kapital über neue Einlagen beschaffen. Berücksichtigen Sie als Alchimedus auf jeden Fall auch mögliche Interessenkonflikte konkurrierender Gesellschafter(-gruppen).

Wenn es Ihnen gelingt, dass die Altgesellschafter neues Kapital beisteuern, erkennen Kunden, Gläubiger und Mitarbeiter darin in der Regel ein deutliches Signal, dass Ihr Unternehmen gute Aussichten hat zu überleben. Deshalb zieht der erste Nachschuss oft weitere nach sich, weil andere Kapitalgeber ihn als eindeutiges Bekenntnis der Altgesellschafter zum Unternehmen und zu dessen Zukunft auffassen.

Gesellschafterdarlehen

Geld braucht man, wenn man es nicht hat. Kredit hat man, wenn man ihn nicht braucht.

Unbekannt

Mit gutem Willen und gutem Konzept können Sie oft zügig Darlehen von Ihren Gesellschaftern erhalten. Falls Ihr Unternehmen als GmbH organisiert ist, gelten auch Darlehen der Gesellschafter im Falle der Insolvenz als Haftungskapital. Sie müssen hinter anderen Gläubigern zurückstehen und verlieren deshalb im Konkurs ihr Darlehen meist vollständig.

Um eine besondere Form des Gesellschafterdarlehens handelt es sich, wenn Sie Ihre Privatentnahmen zurückfahren oder wenn Ihr Geschäftsführer auf sein Gehalt verzichtet.

Zahlungen auf künftige Einlageschuld

Vergiss nie, dass Kredit auch Geld ist.

Benjamin Franklin

Sie brauchen Ihre Gesellschafter gar nicht unbedingt um zusätzliche Einlagen zu bitten. Statt dessen können Sie auch Zahlungen auf Einlageschuld hereinholen, etwa indem Sie freie Kreditlinien im Bereich des Fremdkapitals ausnutzen.

Passen Sie aber auf, dass Ihre Kosten nicht im selben Maße ansteigen, in dem Sie sich neue Kreditquellen erschließen. Denn dann könnte sich Winston Churchills Ausspruch bewahrheiten: «Die Zukunft ist ein Bankier, dessen fortwährende Pleiten seinen Kredit nicht zerstören.»

Stille Reserven auflösen

Sie können aber auch direkt auf die Liquidität Ihres Unternehmens einwirken, indem Sie stille Reserven auflösen. So wie ein Langstreckenläufer Reserven aktiviert, je mehr das Rennen ihn fordert, so können Sie als Alchimedus stille Reserven aus vergangenen guten Jahren offen legen und aktivieren. Sollte sich Ihr Unternehmen allerdings schon im fortgeschrittenen Stadium der Krise befinden, haben Sie Ihre stillen Reserven wahrscheinlich bereits aufgebraucht.

Stille Reserven entstehen dadurch, dass Ihre Buchhaltung Ihr Vermögen mit einem geringeren Wert verzeichnet, als Sie ihn zum jeweiligen Zeitpunkt am Markt erzielen würden. Deshalb können Sie Grundstücke, Gebäude, Beteiligungen, Aktien, Ihren Fuhrpark und sonstige Vermögenswerte womöglich Gewinn bringend verkaufen. Aber Achtung: Gerade in den Bilanzwerten für Material und Forderungen könnten Sie auch versteckte Verluste entdecken.

Überprüfen Sie alle betrieblichen Ausgaben, ob sie Ihrem Unternehmen wirklich etwas bringen. Und dann kündigen Sie alle unwichtigen Abonnements und Mitgliedschaften, überdenken Ihre Spendenpraxis, begrenzen Ihre Aufwendungen für Bewirtung und lassen alle Reisen und privaten PKW-Fahrten vor Antritt genehmigen.

Zahlung mit Verrechnungs- oder Orderschecks

Überprüfen Sie in ähnlicher Form auch Ihren Zahlungsverkehr. Zusätzliche Liquidität erhalten Sie etwa, indem Sie Zahlungen per Scheck am letztmöglichen Tag vornehmen. Kontrollieren Sie dann genau Ihre Kontostände, denn geplatzte Schecks vermitteln einen äußerst schlechten Eindruck von Ihrem Unternehmen.

Zahlungsverkehr straffen

Straffen Sie Ihren Zahlungsverkehr, indem Sie Ihre Kontenzahl vermindern. Ein Lohn- und Gehaltskonto, ein Kunden- und ein Lieferantenkonto genügen, unter Umständen noch ein Dollar-Konto bei international tätigen Firmen. Sie vereinfachen damit die Gelddisposition.

Zahlungsziele ausnutzen

Je tiefer Ihr Unternehmen in der Krise steckt, desto später zahlen Sie Ihre Forderungen. Das ist zwar eine teure Maßnahme, um Ihre Liquidität zu verbessern, aber sie ist oft die einzig mögliche.

Leasing

Prüfen Sie Leasing-Modelle kritisch – oft sind sie teurer als ein Kauf. Dennoch können Sie durch Leasing in Krisenzeiten schnell Ihre Liquidität erhöhen. Besonders eignet sich dafür das Sale-and-Lease-Back-Modell: Verkaufen Sie Maschinen oder andere Wirtschaftsgüter zunächst, lösen Sie dabei möglicherweise vorhandene stille Reserven auf, und leasen Sie die Gegenstände dann zurück.

Bis auf die unmittelbar anstehenden Leasingraten steht Ihnen der Erlös aus dem Verkauf nun als liquide Mittel zur Verfügung. Allerdings wird sich keine Finanzierungsgesellschaft ohne Bürgschaften oder ein schlüssiges Konzept für Sale-and-Lease-Back-Modelle erwärmen. Beachten Sie jedoch, wenn Sie Ihren Fuhrpark verkaufen und neue Fahrzeuge leasen, dass Sie als Leasingnehmer im Gegensatz zum Mieter erhebliche Pflichten und Risiken eingehen. So tragen Sie die Gefahr von Verlust oder unsachgemäßer Behandlung. Außerdem kommen Kosten und Auflagen für Pflege und Wartung auf Sie zu, etwa erhöhte Gebühren für regelmäßigen Service in einer Werkstatt. Dem stehen allerdings geringere Kosten für Reparaturen gegenüber.

Investitionen stoppen

Qualität geht meistens auf Kosten der Kosten.

Werner Mitsch

Zusätzliche Liquidität können Sie auch gewinnen, indem Sie Investitionen und Teilzahlungen streichen oder verschieben. Stellen Sie also alle Investitionen und Ausgaben auf dem Prüfstand. Gehen Sie in diesem Bereich äußerst restriktiv vor, denn am Anfang kennen Sie Ihre spätere Strategie noch nicht. Womöglich stellen Sie sonst hinterher fest, dass alle Investitionen in die falsche Richtung gelaufen sind.

Berücksichtigen Sie aber auch, dass Sie solche Investitionen, die unabdingbar sind, um Ihren Betrieb aufrecht zu erhalten, weiterhin durchführen. Beachten Sie deshalb in Krisenzeiten ganz besonders die Rückflusszeit Ihrer Investitionen: Oft erfordern sie nur einen geringen Betrag, wirken sich aber sehr schnell auf die Kosten aus und rentieren sich schon innerhalb weniger Wochen.

Am besten lassen Sie sich oder einem Mitglied Ihres Teams jeden Investitionsantrag zur Genehmigung vorlegen und prüfen ihn gründlich. Wenn Sie eine Investition genehmigen, so erwägen Sie Leasingmöglichkeiten, und vergleichen Sie Preise, Lieferkonditionen und Zahlungsziele genau.

Aufträge prüfen

Die Angst vor unpopulären
Maßnahmen sollte nicht größer sein
als der Wille, vernünftig zu handeln.
  Prof. Dr. h. c. Manfred Rommel

So wie die TÜV-Untersuchung dafür sorgt, dass Ihr Auto sicher läuft, so sollten Sie alle Aufträge daraufhin prüfen, dass sie den Motor Ihres Unternehmens nicht beschädigen, sondern stärken. Denn alle angenommenen Aufträge binden Kapital in Form von Arbeitslöhnen und Material. Wenden Sie die Deckungsbeitragsrechnung an, um die Auswirkung jedes Auftrags auf Ihren Gewinn zu untersuchen. Und prüfen Sie gleichzeitig alle Produkte, die Sie benötigen, um den Auftrag zu erfüllen, mit Hilfe der ABC-Analyse auf ihre Wertigkeit.

Ermitteln Sie als Alchimedus vor allem für Grossaufträge, wie sie sich auf Ihre Liquidität auswirken. Womöglich erfordern gerade diese von Ihnen hohe finanzielle Vorleistungen und damit Belastungen. Wägen Sie Chancen und Risiken genau ab: Unter welchen Bedingungen lohnt sich der Auftrag, was könnte Ihrem Erfolg entgegenstehen?

Projekte prüfen

Große Projekte brauchen zehn Jahre,
um fabrikreif zu werden.
  Carl Bosch[40]

Prüfen Sie als Alchimedus alle Projekte daraufhin, ob sie zu hohe Kosten verursachen oder zu große Risiken mit sich bringen. Das können sowohl Projekte aus dem Bereich Forschung und Entwicklung sein als auch in der Produktion, wo das Herz vieler Fertigungsunternehmen schlägt. Treten dort Rhythmusstörungen auf, wirken sie meist auf das ganze Unternehmen. Trotzdem verstreichen zu viele Chancen zur Verbesserung der Produktion ungenutzt.

———

40   Deutscher Chemiker, * Köln, 27. 8. 1874; † Heidelberg, 26. 4. 1940.

Optimierungsprojekte setzen an unterschiedlichen Stellen an: bei der Organisation der Fertigung, bei der Verantwortung und Kompetenz der Mitarbeiter, bei der Abstimmung aufeinander. Beantworten Sie folgende Fragen für Ihr Unternehmen, und ergreifen Sie daraus folgende Maßnahmen:

Frage	Wie sieht die Antwort in Ihrem Unternehmen aus?
Welche Maßnahmen für Instandhaltung und Qualitätssicherung können sie reduzieren, welche sollten Sie ausbauen?	
Trägt das Personal in der Fertigung zu viel oder zu wenig Verantwortung?	
Fordert Ihre Marketing- und Vertriebsabteilung eine zu große Programmvielfalt ein? Oder sind die Kosten dafür tragbar?	
Wie effizient sind die Bearbeitungsprozesse?	
Wie können Sie Materialverluste und Ausschuss verringern?	
Können Sie die Durchlaufzeiten senken?	
Wie können Sie die Lieferbereitschaft verbessern?	

Auf längere Sicht analysieren Sie Ihre Produktion dann noch grundlegender:

◆ **Arbeitet Ihr Unternehmen mit deutlich mehr als der notwendigen Kapazität?**

◆ **Können Sie einen besseren Standort wählen?**

◆ **Wie können Sie die Belieferung optimieren?**

◆ **Möchten Sie die Produktion zentralisieren oder dezentralisieren?**

- ◆ Welchen Umfang sollen Eigen- und Fremdfertigung in Zukunft einnehmen?
- ◆ Welche ist die optimale Investitionspolitik für Ihre Kapazitäts- und Standortplanung?

Stellen Sie als Alchimedus für diese Projekte und Fragen dann Maßstäbe auf, an denen Sie die Leistung Ihres Unternehmens messen, vor allem für die Produktion.

Indirekt beeinflussbare Sofortmaßnahmen

Wir können nicht alles tun, aber wir müssen tun, was wir können.

Bill Clinton[41]

Kümmern Sie sich als Alchimedus im Rahmen Ihrer Sofortmaßnahmen auch um Kräfte außerhalb Ihres Unternehmens wie Kunden, Banken, Lieferanten und Interessenten. Gewinnen Sie diese Gruppen als wirkliche Partner Ihres Unternehmens, und lassen Sie sich von ihnen helfen.

Ein Sänger braucht sein Publikum, ein Unternehmen seine Kunden, Lieferanten und Kapitalgeber. Nur mit kaufwilligen Kunden gelingen Ihre Lagerabverkäufe oder Sonderverkaufsaktionen. Nur mit willigen Produzenten können Sie auf Fremdfertigung umsteigen. Ihre Lieferanten müssen sich bereit erklären, auf ihre Forderungen zu verzichten oder fällige Forderungen zu stunden. Die Bank muss einwilligen, wenn Sie kurzfristige Kredite in langfristige Darlehen umwandeln. Neue Beteiligungen müssen den Wünschen der Investoren entsprechen.

Alle diese Maßnahmen haben eines gemeinsam: Ihre Kapitalgeber schöpfen Vertrauen in die handelnden Personen, in ein schlüssiges und wirklichkeitsnahes Konzept zur Revitalisierung und in ein klares Unternehmenskonzept. Daraus gewinnen sie die Sicherheit, dass Ihr Unternehmen die Gewinnschwelle bald wieder überschreiten wird.

Informieren Sie deshalb Ihre alten und neuen Geldgeber regelmäßig, wie die Revitalisierung voranschreitet. Kommunizieren Sie auf jeden

---

41 US-amerikanischer Jurist, Politiker (Demokrat), Präsident, * Hope, Ark., 19. 8. 1946.

Fall offen. Sonst passiert es Ihnen womöglich, dass sich Ihre Bank auf gewisse Klauseln Ihrer Kreditverträge beruft und wegen angeblich schlechter Kommunikation von Ihrer Seite aus der Finanzierung aussteigt. Dann stellt sie ihre Darlehen ohne Vorankündigung und sehr kurzfristig fällig und behält vielleicht sogar Ihre Bankguthaben als Sicherung ein.

Umgekehrt können Sie die Bereitschaft Ihrer Bank, Ihnen neues Kapital zur Verfügung zu stellen, deutlich fördern, indem Sie die Zahlungen Ihrer Kunden gut organisiert beibringen.

Forderungen in Umsatz wandeln

Leben heißt handeln.

Albert Camus[42]

Ein Bauer, der Teile seiner Äcker brachliegen lässt, bringt sich um die Ernte, die ihm einen sorgenfreien Winter ermöglicht. Ähnlich verhält es sich mit Unternehmen, die die Früchte ihrer Arbeit nicht ernten und Forderungen zu lange brachliegen lassen. Fehlt womöglich auch in Ihrem Unternehmen eine genaue Übersicht über alle Forderungen? Ist Ihre Buchhaltung nicht auf dem aktuellen Stand, weil sie nicht alle Buchungen sofort vornimmt? Mit einigen einfachen Maßnahmen bringen Sie als Alchimedus Ordnung in Ihre Buchhaltung und damit mehr Liquidität in Ihr Unternehmen:

- ◆ Verstärken Sie das Mahnwesen!
- ◆ Verkürzen Sie die Zahlungsziele!
- ◆ Beschleunigen Sie die Rechnungsstellung!
- ◆ Verkaufen Sie Forderungen!

Verstärken Sie das Mahnwesen!

Häufig packen Unternehmen in der Krise ihre säumigen Kunden nicht fest genug an. Steuern Sie dem mit einem wöchentlichen Mahn-

---

42 Französischer Schriftsteller und Dramaturg, * Mondovi (Algerien), 7. 11. 1913; † Villeblevin, 4. 1. 1960.

rhythmus entgegen. Beauftragen Sie bei Bedarf zusätzliche freie Mitarbeiter oder Dienstleister, die diesen Engpass so schnell wie möglich beheben. Seien Sie vorsichtig, wenn Sie einen Rechtsanwalt mit Ihren Mahnverfahren betrauen: Oft bleiben auch dort Mahnverfahren wochenlang unbearbeitet.

Berechnen Sie Verzugszinsen und Mahngebühren – damit erhöhen Sie die Aufmerksamkeit und die Zahlungsbereitschaft Ihrer Kunden. Nach der dritten Mahnung sollten Sie in jedem Fall ein gerichtliches Mahnverfahren einleiten. Denn viele Kunden halten Sie nur hin und wollen selbst Zeit gewinnen.

Zahlungsziele kürzen

Gerade bei wichtigen Kunden erscheint es Ihnen vielleicht unmöglich, die Zahlungsziele zu kürzen. Aber vielleicht sind gerade Ihre Dauerkunden über eine gewisse Zeit dazu bereit, Ihnen als wichtigem Lieferanten durch beschleunigte Bezahlung zu helfen? Bieten Sie ihnen dann sogar das teure Instrument der Eilskontierung an: Räumen Sie ihnen zusätzlich 1 % Skonto ein, wenn sie am selben Tag bezahlen, an dem sie die Rechnung erhalten haben.

Rechnungsstellung beschleunigen

Lassen Sie Lieferscheine nicht zu lange liegen und warten Sie nicht so lange, bis Sie Ihre Lieferungen fakturieren. Lassen Sie sich als Alchimedus täglich oder wöchentlich die Umsätze von Ihren Mitarbeitern geben, und definieren Sie klare Ziele, die Sie erreichen wollen. Überprüfen Sie oder ein anderes Mitglied Ihres Teams sämtliche Ausgangsrechnungen.

Verkauf von Forderungen

Sie können Ihre Forderungen an ein Factoring-Unternehmen verkaufen, das sie dann eintreibt. Dadurch wächst Ihre Liquidität sehr schnell, allerdings entstehen Ihnen zusätzliche Kosten für das Factoring – auch diese Firmen wollen ihre Risiken decken und Gewinn machen. Manchmal ziehen sich auch die Verhandlungen besonders um Forderungen von finanzschwachen Kunden sehr in die Länge, ohne dass Sie einen Liquiditätsgewinn haben.

Bedenken Sie auch, dass die Beziehung zu Ihren Kunden sich entscheidend verändert, wenn Sie Forderungen verkaufen. Treffen Sie deshalb eine langfristige, strategische Entscheidung, ob Sie Factoring einsetzen wollen oder nicht.

Lager abbauen und Vermögen umschichten

Gute Diäten fetten ab.

Erhard Horst Bellermann[43]

Wer schon dick und unbeweglich ist, sollte sich nicht noch mehr Vorräte in den Kühlschrank legen. Genau so bei Unternehmen in der Krise: Sie leiden oft unter zu hohen Lagerbeständen und schlagen ihr Lager zu selten um. Das kann an unklaren Strukturen liegen, an einer ungenügenden Auf- und Ablauforganisation oder an fachfremden Mitarbeitern. Wenn einfach Techniker oder reine Sachbearbeiter die Aufgabe erhalten, den Einkauf zu erledigen, sind Fehler vorprogrammiert. Deshalb lohnt es sich, in geschulte und fähige Mitarbeiter zu investieren.

Im Rahmen der Revitalisierung Ihres Unternehmens sollten Sie frühzeitig eine Bestandsaufnahme der Materialwirtschaft vornehmen und beginnen, das Lager abzubauen. Oft können Sie Ihren Bestand innerhalb eines halben Jahres um ein Drittel reduzieren: Verkaufen Sie Lagerware in Sonderaktionen, oder kaufen Sie zeitnäher ein. Formulieren Sie als Alchimedus sehr früh und ehrgeizig Ihre Ziele, damit die Einkäufer und Ihr Team genau wissen, wohin die Reise geht. Die Leistungsfähigkeit Ihres Unternehmens wird Sie überraschen.

Ihre Ziele könnten lauten:

◆ «In drei Monaten haben wir unsere Warenbestände um 30 % reduziert.»

◆ «Unsere Warenbestände betragen höchstens das 1,5-fache der Monatsumsätze.»

◆ «Die Beschaffungspreise sinken um 10 %.»

---

43   Deutscher Bauingenieur, Dichter und Aphoristiker, * 1937.

◆ «Die Materialverfügbarkeit wächst um 20 %.»

Machen Sie auf jeden Fall solche klaren Vorgaben, an denen Sie später messen können, ob Sie Ihr Ziel erreicht haben. Benennen Sie auch ausdrücklich einen Mitarbeiter, der dafür verantwortlich zeichnet, dass Sie Ihre Ziele erreichen. Verfolgen Sie seine Tätigkeit mit, und besprechen Sie mit ihm, was Sie tun müssen, falls Ihre Ziele in weite Ferne rücken.

Klären Sie darüber hinaus folgende Fragen:

Frage	Die Antwort für Ihr Unternehmen
Können Ihre EDV-Systeme die gewünschten Daten erzeugen?	
Können Sie für alle Ihre Produkte ermitteln, welche Teile Sie dafür einkaufen müssen?	
Kennen Sie den besten Zeitpunkt für die Beschaffung?	
Wie lange dauert die Beschaffung, in welchen Mengen bestellen Sie am besten?	
Haben Sie diese Daten in Ihr System eingepflegt?	
Wer legt fest, wo Sie beschaffen?	
Wer überwacht die Beschaffung, wer gibt die Aufträge und Preise frei?	
Wie verhandeln Sie bestehende Aufträge nach?	
Wer überwacht die Termine?	
Enthalten Ihre Aufträge Vertragsstrafen für verspätete Anlieferung?	
Kontrollieren Sie die Wareneingänge auf Qualität und Menge?	
Was passiert mit defekt angelieferten Teilen? Schicken Sie diese zeitnah zurück und belasten sie rück?	
Wer kontrolliert die Eingangsrechnungen samt Rabatten und Zahlungskonditionen? Wie kontrollieren Sie?	

Konkrete Maßnahmen, um den Bestand zu senken

*Depression ist die Konjunkturphase,
in der lauterer Wettbewerb leiser
wird.*

Ron Kritzfeld[44]

Wenn Sie als Alchimedus nun mit Ihrem Team beginnen, Ihre
Warenbestände zu senken, sollten Sie zunächst zielstrebig folgende
Maßnahmen umsetzen:

- ◆ Bestandsware abverkaufen – sprechen Sie mit ausge-
  wählten Kunden, kündigen Sie Produkte ab, und bieten
  Sie eine letzte, zeitlich begrenzte Kaufchance an.
- ◆ Verwendbarkeit von Materialien/Teillagern prüfen,
  überflüssige Materialien abverkaufen.
- ◆ Rahmenaufträge abschließen – der Lieferant hält die
  Ware vor, Sie rufen sie bei Bedarf kurzfristig in opti-
  mierten Bestell- und Fertigungslosen ab.
- ◆ Kkritische und teure Teile nur auf Bestellung eines
  Kunden beziehen.
- ◆ Lagerführung vereinheitlichen – wenn Sie die Anzahl
  der Lagerorte verringern und Ihr Lager zentralisieren,
  werden die betrieblichen Prozesse durchschaubarer und
  damit leichter steuerbar. Sie verhindern Doppelungen,
  mindern Ihre Vorräte und sparen Kosten. Sie führen
  Materialien zusammen, die Sie vorher an unterschiedlichen Orten gelagert haben, und verringern dadurch die
  Sicherheitsbestände. Wahrscheinlich benötigen Sie
  wesentlich weniger Lagerplatz, wenn Sie auf ein anderes Lagersystem umstellen.
- ◆ ABC-Analyse für Ihre Einkaufsteile durchführen.
- ◆ Sicherheitsbestände mit Bedacht verringern.
- ◆ Bestandshöhe reduzieren, die eine Nachbestellung aus-
  löst.

----

44 Deutscher Chemiekaufmann, * 1921.

- Verkaufssortimente verkleinern – mit nur 80 % Ihres bisherigen Umsatzes können Sie mehr Gewinn erwirtschaften. Nehmen Sie diejenigen Produkte aus Ihrem Sortiment, die einen zu geringen Deckungsbeitrag erwirtschaften. Gerade wenn Sie neue Aufträge ablehnen oder standhaft Ihren Preis erhöhen, werden Sie feststellen, dass viele Kunden auf Ihre Forderungen eingehen. Und wenn Sie Ihr Sortiment bereinigen, straffen Sie die Abläufe in Ihrem Unternehmen und verbessern schneller Ihre Liquidität.

Leistungswirtschaftliche Maßnahmen, um den Aufwand zu senken

Wer zu spät an die Kosten denkt, ruiniert sein Unternehmen. Wer zu früh an die Kosten denkt, tötet die Kreativität.

Philip Rosenthal

Die Leistungswirtschaft ist der Bereich Ihres Unternehmens, wo Sie Ihre Dienstleistungen oder Produkte tatsächlich herstellen. Senken Sie als Alchimedus an dieser Stelle den Aufwand, aber gehen Sie dabei behutsam vor, denn hier stehen Sie vor dem Kern, wo Ihr Unternehmen seinen Umsatz erwirtschaftete. Berücksichtigen Sie dabei, dass Entscheidungen bei der Leistungswirtschaft selten unmittelbar den Aufwand reduzieren, sondern eher mittel- bis langfristig wirken. Planen Sie sie trotzdem gleich am Anfang der Revitalisierung, weil sie mit den kurzfristigen Maßnahmen zusammengehören und sich teilweise aus diesen ableiten.

Outsourcing und Make or buy-Entscheidungen:

*Erstaunlich, wie viele sich in der
Kostenrechnung prima auskennen,
aber in der Einschätzung von Werten
jämmerlich versagen.*

Peter E. Schumacher[45]

Als Alchimedus haben Sie zu entscheiden, ob Sie manche Bereiche
Ihres Unternehmens auslagern (Outsourcing) und ob Sie alle Ihre Produkte vollständig selbst herstellen oder von anderen vorfertigen lassen
wollen (Make or buy). Wollen Sie sich eine Spülmaschine kaufen und
die Zeit für das Abwaschen sparen? Oder wollen Sie das Geld sparen
und die Zeit investieren? Unternehmen stehen laufend vor dieser
Frage: Machen lassen oder selbst machen?

Je nach Lage Ihres Unternehmens kann es sich für Sie lohnen, ganze
Produkte und Aufgabenbereiche an Lohnfertiger oder Dienstleister zu
vergeben. Dadurch gewinnen Sie unter Umständen Liquidität und
Kostenvorteile. Oder ist es für Sie sinnvoller, manche ausgelagerten
Produkte oder Dienstleistungen in die eigene Fertigung zurückzuho-
len? Besonders bei Aufgaben wie Gebäudereinigung, Betriebselektrik,
Sicherheitsdienst, Küchendienst, Presse- und Öffentlichkeitsarbeit
oder Buchhaltung kommt ein Outsourcing in Frage. Aber auch Aufgaben der Verwaltung und der Revitalisierung können Sie nach außen
vergeben. Vielleicht kennen Sie sogar ehemalige Mitarbeiter, die sich
in diesen Bereichen selbstständig gemacht haben?

Vor allem, wenn Sie es im Rahmen Ihrer Revitalisierung nicht vermeiden können, Personal abzubauen, lassen sich oft alte Strukturen
nicht mehr rechtfertigen. Prüfen Sie jeden Einzelfall genau.

Abläufe optimieren

Wenn es brennt und das Feuer Menschenleben bedroht, muss die
Feuerwehr ihre Abläufe genau kennen. Auch die Krise in Ihrem Unternehmen könnte daher stammen, dass die Abläufe nicht sitzen. Statt
dessen bergen die Abläufe dann eine Menge sinnloser Kosten – und

---

45 Deutscher Publizist und Aphorismensammler, * 1941.

viele Unternehmen verwenden viel Geld auf externe Berater, um ihre Abläufe zu optimieren.

Aber auch Sie als Alchimedus können dieses «Business Process Reengineering» übernehmen:

◆ Legen Sie Abteilungen und Funktionen zusammen, und bauen sie dadurch Leitungskosten ab.

◆ Führen Sie klare, einfache Abläufe ein, um doppelte Tätigkeiten zu vermeiden, etwa die mehrfache Ablage von Dokumenten oder mehrfache Verbuchungen in unterschiedlichen EDV-Systemen.

◆ Beseitigen Sie Medienbrüche: Sie übermitteln ein Memo per Telefon, Ihr Mitarbeiter schreibt es auf ein Fax, und Ihre Sekretärin verfasst die entsprechende E-Mail.

◆ Verwenden Sie eine einheitliche Datenbank. Verkürzte Berichtswege und verringerte Leitungsebenen machen Ihr Unternehmen wirtschaftlicher.

◆ Halten sie weniger Standard-Besprechungen ab, und verkleinern Sie deren Teilnehmerzahl.

◆ Achten Sie darauf, dass Ihre Fachabteilungen räumlich dicht beieinander liegen, damit keine langen Wege anfallen.

Spielen Sie die Abläufe in Ihrem Unternehmen in alter und neuer Form durch. Besprechen Sie die Ergebnisse mit Ihrem Team. Wahrscheinlich erkennen Sie sehr schnell, wo die Probleme entstehen. Gerade auch Ihre Mitarbeiter können gute Vorschläge zu den Betriebsabläufen unterbreiten. Verschaffen Sie ihnen also Gehör, verwenden Sie bei Bedarf Fragebögen.

Aufbau optimieren

Nehmen Sie sich als Alchimedus gemeinsam mit Ihrem Team auch den Aufbau Ihres Unternehmens zur Verbesserung vor. Dabei rütteln Sie am grundlegenden Gefüge. Denn die Organisation Ihres Unternehmens beeinflusst stark seine Wettbewerbsfähigkeit.

Womöglich treten Ihnen dabei einzelne Abteilungen egoistisch entgegen, die nur an ihren eigenen Nutzen und nicht an das ganze Unternehmen denken. Setzen Sie trotzdem einen einfachen Unternehmensaufbau mit klaren Strukturen durch, und entschlacken Sie die Hierarchie.

Führen Sie mit den Betroffenen Einzel- und Gruppengespräche, während Sie diese neue Organisation entwickeln. Machen Sie dabei die Probleme sichtbar, die mit der Veränderung der Struktur und des Aufbaus einhergehen.

Produktions- und entwicklungsabhängige Aufwendungen

Befassen Sie sich als Alchimedus auch mit allen einzelnen Arten von Aufwendungen in der Leistungswirtschaft. Folgende Maßnahmen stehen Ihnen bei den produktions- und entwicklungsabhängigen Aufwendungen zur Verfügung[46]:

♦ Fertigung konzentrieren, indem Sie Fertigungsstätten aufgeben,

♦ Produktivität steigern, indem Sie Produktionsanlagen verbessern,

♦ Arbeitsabläufe verbessern,

♦ Lohnsysteme verbessern,

♦ Ausschuss verringern,

♦ Prüf- und Kontrollzeiten verringern,

♦ Automation einführen,

♦ Produkte beim Verhältnis von Kosten und Qualität verbessern,

♦ Entwicklungen beschleunigen,

♦ bisher kostenlose Leistungen kostenpflichtig anbieten.

---

46 Vgl. Fechner, S. 169.

Personalaufwendungen optimieren

Seinem Kleid entsprechend wird man
empfangen – und seinem Verstand
entsprechend entlassen.

Sprichwort aus der Ukraine

«Wer einen Flop baut, ist klüger geworden. Warum sollte man Klügere entlassen?» fragt Horst Ullrich, Mitglied der Geschäftsleitung von Sony Deutschland. In der Tat können Sie Ihre Personalaufwendungen verringern, indem Sie Mitarbeiter entlassen. So sparen Sie unmittelbar Kosten, weil Sie keine Gehälter mehr zahlen müssen. Aber hüten Sie sich vor kurzsichtigen, unüberlegten Entscheidungen, nur um Kosten zu senken. Denn gesenkte Kosten helfen Ihrem Unternehmen nicht, wenn Sie dadurch an Know-how verlieren.

Gerade wenn Sie auch Mängel in der Organisation Ihres Unternehmens entdeckt haben, können Sie ohne neue Struktur gar nicht abschätzen, wie viel Personal Sie wirklich benötigen. Richten Sie Ihren Blick deshalb zunächst auf die Lohnnebenkosten. Dabei können Sie folgende Maßnahmen ergreifen:

- Outsourcing,
- einzelne Geschäftseinheiten verselbstständigen,
- Einstellungsstopp,
- Überstunden verbieten,
- Kurzarbeit,
- Aufhebungsverträge,
- vorzeitige Pensionierung,
- effiziente Urlaubsplanung,
- Vollzeit- in Teilzeitarbeitsplätze umwandeln,
- Angestellten- in Selbstständigenverhältnisse umwandeln,
- Dienstverträge mit freien Mitarbeitern kündigen,
- Subunternehmern kündigen.

Aufwendungen für Verwaltung und Leistungsverwertung, Management und Vertrieb

Beachten Sie folgende Punkte bei Administration und Leistungsverwertung, Management und Vertrieb:

Verwaltung allgemein

◆ Überprüfen Sie alle bestehenden Verträge zu Dienstleistern (Telekom, EDV, Rechtsanwälte...). Letztendlich entscheidet das Kontrollgremium Ihres Unternehmens, welche davon Sie beibehalten. Manchmal erwarten Sie bei dieser Sisyphus-Arbeit echte Überraschungen: Mietverträge für Maschinen, die Sie seit Jahren nicht mehr nutzen, Verträge über Dienstleistungen, die Sie seit Jahren nicht mehr benötigen, Aufträge an viel zu teure Service-Firmen, fehlende Preisanpassungen durch Dienstleister, obwohl Ihr Auftragsvolumen gesunken ist.

Marketing und Vertrieb

◆ Kontrolle des Außendienstes straffen, lückenloses Berichtswesen einführen,

◆ Besuchsrouten gezielt planen,

◆ Kundenbesuche intensivieren,

◆ Handelsvertreter durch Mitarbeiter des Unternehmens ersetzen oder umgekehrt,

◆ bestimmte Märkte, Handelsstufen oder Segmente nicht mehr beliefern,

◆ Marketing und Werbung konzentrieren,

◆ Preisgestaltung überprüfen.

Leistungsverwertung

◆ Abreden über Kreditsicherung in konkursfester Form treffen,

◆ Währungsrisiken absichern,

◆ Bonitätsprüfungen intensivieren,

◆ bei schlechter Bonität des Kunden Vorauskasse verlangen.

Management

◆ Management auswechseln oder durch Krisenmanagement unterstützen,

◆ Entscheidungsprozesse neu organisieren,

◆ Führungsstil ändern.

Nutzen Sie begleitend auch alle Möglichkeiten, die Ihnen die Öffentliche Hand bietet:

◆ Steuervorauszahlung anpassen, Stundung verlangen,

◆ Subventionen,

◆ Bürgschaften.

Konzept für die langfristige Revitalisierung erstellen

Ein Unternehmen ohne Konzept ist
wie ein Haus ohne Fundament.

Kurt Assfalg[47]

Nachdem Sie als Alchimedus Ihr Unternehmen kurz- bis mittel-fristig auf eine gesunde Grundlage gestellt haben, verfassen Sie ein neues Unternehmenskonzept, das den Erfolg Ihres Unternehmens auch langfristig sichert. Das bedeutet, dass Sie einen neuen Businessplan schreiben müssen. Dazu gehören Erläuterungen zu folgenden Punkten:

◆ Produkt,

◆ Unternehmerteam,

◆ Marketingstrategie,

◆ Organisation,

◆ Chancen und Risiken,

◆ Finanzierung,

◆ Finanzplan.

Beginnen Sie mit diesem Businessplan schon, während Sie die ersten Maßnahmen der Revitalisierung in Angriff nehmen. Je nach Vorbereitung und Leistungsstand können Sie ihn zügig abschließen – für bestehende Unternehmen sollte dies nicht mehr als vier Wochen beanspruchen.

| Machen Sie sich selbst Gedanken über Ihre Zukunft

Es gibt viele Anlaufstellen für Existenzgründer – dort können auch Sie sich Ideen beschaffen, wie Sie einen Businessplan schreiben. Das Management selbst, der Unternehmer, die Aktivisten und Sie als Alchimedus sollten ihn erstellen. Wenn ein Außenstehender dies übernimmt, wird der Plan nicht authentisch gelingen und den weiteren

---

47   Deutscher Unternehmensberater.

Verlauf der Revitalisierung hemmen. Das bedeutet aber nicht, dass Sie keine professionelle Hilfe in Anspruch nehmen sollten.

Grundsätzlich gilt: Das künftige Konzept muss keine Kostenart und keinen Aufwand aus der vorangegangenen Zeit zwangsläufig enthalten. Trennen Sie alle notwendigen von den überflüssigen Kosten. Begründen Sie jede Kostenart und jeden Aufwand neu – Sie werden staunen, mit wie wenig Aufwand Sie Ihren geplanten Geschäftserfolg erreichen können.

Allerdings wird es einige Zeit dauern, bis Sie alle unnötigen Kosten abgebaut haben, weil Sie Kündigungsfristen und andere rechtliche Bestimmungen beachten müssen. Erfassen Sie diese Kosten schon während der Revitalisierung außerhalb Ihrer gewöhnlichen betriebswirtschaftlichen Auswertung. Dann fällt es Ihnen leichter, Ihre tatsächlichen Ergebnisse ohne die Altlasten zu dokumentieren.

Finden Sie früh zukünftige Aufgaben

Sie lösen einen Lagerraum auf, aber der Mietvertrag läuft noch vier Monate und belastet Ihr unternehmerisches Ergebnis. Fassen Sie solche Kosten als interne Revitalisierungskosten zusammen. Umgekehrt gehören externe Beratungskosten, Schulungen und Ähnliches dann zu den externen Revitalisierungskosten.

Ihr Businessplan dient Ihnen nun nicht nur als Konzept, mit dem Sie die weitere Entwicklung Ihres Unternehmens planen, sondern Sie überzeugen damit auch Eigner, Mitarbeiter, Banken und in zunehmendem Maße Schlüsselkunden und strategische Partner vom zukünftigen Erfolg Ihres Unternehmens und gewinnen Sie für Ihr Konzept.

Verdeutlichen Sie sich aber auch immer wieder die Risiken Ihrer Geschäftsplanung. Wenn Sie sich systematisch damit auseinandersetzen, merken Sie dann vielleicht, dass Sie sich schon seit Jahren nicht mehr ernsthaft mit Ihrem Unternehmen beschäftigt und einzelne Bereiche gar nicht durchdacht haben.

Erfolgsfaktoren für die Revitalisierung

Wenn du Mut genug hast zu
beginnen, dann hast du auch genug
Mut, um Erfolg zu haben.

David Viscott[48]

Sie haben nun für die gesamte Revitalisierung Ihres Unternehmens erfahren, was Sie analysieren sollten, welche Hindernisse dabei auftreten können und welche Maßnahmen Sie dagegen treffen. Betrachten Sie diesen gesamten Prozess nun noch einmal von oben: Was macht ihn erfolgreich?

Dabei fällt vor allem auf, dass es sich selten lohnt, wenn Sie unvermeidliche Maßnahmen hinausschieben. Treffen Sie also alle harten Entscheidungen gleich am Anfang, und setzen Sie sie um. Gefahr ist im Verzug, deshalb spielt Geschwindigkeit eine lebenswichtige Rolle. Arbeiten Sie schnell und zügig. Haben Sie den Mut, nichts als gegeben anzusehen. Stellen Sie alles auf den Prüfstand: Sie brauchen nur das, was wirklich den Bestand Ihres Unternehmens sichert. Dazu gehört das Management nur dann, wenn es sich bereit erklärt, die Führung auch auf diesem turbulenten Weg der Revitalisierung zu übernehmen.

Erfolgsfaktor Führung: Der Fisch stinkt vom Kopf

Der schönste Erfolg ist, seinen
Lebensunterhalt mit einer Arbeit zu
verdienen, die Spaß macht.

David McCullogh[49]

Wenn Ihr Topmanagement bei der Revitalisierung mit gutem Beispiel vorangeht, signalisiert es damit, wie wichtig alle einzelnen Projekte sind, und vermittelt den Glauben daran, dass Ihr Unternehmen wieder erstarken wird. Diese Glaubwürdigkeit entwickelt eine enorme

---

48 US-amerikanischer Psychiater und Schriftsteller, * 1938.
49 US-amerikanischer Historiker, Biograph, Pulitzer-Preisträger.

Zugkraft auf die Mitarbeiter. Dazu gehören etwa Gehaltskürzungen des Topmanagements. Sie schaffen in einer Krise Teamgeist. Wenn die Geschäftsführung in Krisenzeiten dagegen ihr Gehalt erhöht, zerstört sie damit alle anderen gut gemeinten Pläne.

Bleiben Sie bei Ihrer Linie, und ändern Sie nicht täglich die Prioritäten. Achten Sie dabei auch auf eine stimmige Kommunikation sowohl nach innen als auch nach außen. Halten Sie sich dabei an den Satz von Dale Carnegie: «Ehrliche, herzliche Begeisterung ist einer der wirksamsten Erfolgsfaktoren.» Wie die Führung, so die Kommunikation. Vermittelt die Führung im Unternehmen Begeisterung, dann werden die Mitarbeiter sie aufnehmen.

Bringen Sie das Konzept, das Sie für die Revitalisierung Ihres Unternehmens erarbeitet haben, Ihren wichtigsten Ansprechpartnern nahe: dem Management, den Mitarbeitern, dem Betriebsrat, den Banken, den Partnern, den Kunden und den Lieferanten. Bei allen diesen Gruppen muss die Geschäftsleitung während der Revitalisierung verstärkt Präsenz zeigen und den Willen zum Umbau des Unternehmens vorleben. Dadurch bauen Sie Vertrauen auf und sorgen für Kontinuität.

Erfolgsfaktor Teambildung

Die Arbeit Ihrer Teams entscheidet maßgeblich darüber, wie erfolgreich Sie Ihr Unternehmen revitalisieren können. Bilden Sie verschiedene Teams auf drei Ebenen, welche die Revitalisierung tragen und die Maßnahmen zur Sanierung durchführen: ein Revitalisierungsteam, ein Funktionsteam und ein Projektteam. Sorgen Sie dafür, dass alle Teams lebendig und konstruktiv arbeiten.

Das Revitalisierungsteam

KAPITAL lässt sich beschaffen,
FABRIKEN kann man bauen,
MENSCHEN muss man gewinnen.

Hans Christoph von Rohr[50]

Ganz am Anfang hatten Sie Ihr Kick-Off-Team zusammengerufen. Dieses bestimmt nun das eigentliche Revitalisierungs-Team und einige untergeordnete Funktionsteams aus Vertrieb/Marketing, Einkauf/Produktion, Entwicklung, Administration und Finanzen. Für Spezialaufgaben, die sich erst im Laufe der Revitalisierung ergeben, bilden Sie eigene Projektteams. Dabei bleibt das Revitalisierungsteam immer das oberste Kontrollorgan.

Das Revitalisierungsteam besteht aus firmeninternen Mitgliedern und Außenstehenden: Führungskräften, Aufsichtsratsmitgliedern, Beratern, Beiräten, Steuerberatern, ehemaligen Managern vergleichbarer Unternehmen, Investoren und Ähnlichen. Das Kick Off-Team benennt die Mitglieder und kann Sie auch im Laufe der Zeit auswechseln. Außer einem Vorsitzenden gibt es im Revitalisierungsteam keine Hierarchie. Dieser Vorsitzende führt auch gleichzeitig das Protokoll und leitet die Sitzungen:

- ◆ Er schafft eine konstruktive Atmosphäre.
- ◆ Er bewegt alle dazu, sich aktiv zu beteiligen und Stellung zu beziehen.
- ◆ Er bringt die verschiedenen Kenntnisse und Erfahrungen zusammen.
- ◆ Er leitet die primäre Kommunikation mit dem Unternehmensmanagement.
- ◆ Er moderiert und wirkt als Mediator.

Nachfolgend übernimmt das Revitalisierungsteam alle Aufgaben, die über den Erfolg der Revitalisierung Ihres Unternehmens entscheiden[51]:

---

50 deutscher Industriemanager, CDU-Politiker, * Stettin, 1938.
51 Vgl. Ruppin, S. 94ff.

Monitoring

Geben Sie dem Management Meilensteine vor, und überprüfen Sie, ob Sie die geplante Leistung erreicht haben. Anderenfalls können Sie das Management zur Verantwortung ziehen und dazu anhalten, die Ursachen zu benennen.

Strategie formulieren

Verstehen Sie das Revitalisierungsteam nicht als reines Kontrollorgan, sondern vor allem als Partner des Managements. Damit rücken Sie die strategische Führung Ihres Unternehmens in den Blickpunkt. Räumen Sie auch Ihrem Aufsichtsrat eine aktive Rolle ein, wenn Sie eine neue Strategie für Ihr Unternehmen formulieren. Legen Sie in Ihrer Unternehmensstrategie fest, welche Ziele Sie langfristig erreichen möchten und welche Maßnahmen Sie dafür planen.

Unterstützung des Managements im Tagesgeschäft

Räumen Sie Ihrem Revitalisierungsteam nur in Ausnahmefällen eine aktive Rolle im Tagesgeschäft ein, etwa als Vermittler im Gespräch mit dem Betriebsrat oder in besonders heiklen Kundengesprächen. Schon allein Zeitgründe sprechen gegen eine allzu große Einflussnahme. Außerdem würde Ihr Management leicht an Glaubwürdigkeit verlieren, wenn Ihr Revitalisierungsteam zu viel eingreift.

Allein wenn Sie in Ihrem Unternehmen das Management auswechseln, sollte sich Ihr Revitalisierungsteam vorübergehend mehr am Tagesgeschäft beteiligen. Ansonsten unterstützt es die Unternehmensleitung, indem es ihr für Fragen zur Verfügung steht und zu beraten versucht.

Kontakte herstellen

Ihr Revitalisierungsteam sollte sich auch damit befassen, für Ihr Unternehmen neue Kontakte herzustellen: zu Behörden, Banken, weiteren Spezialisten, Kunden, Forschungseinrichtungen, neuen Finanzierungsquellen und neuem Personal. Solche Kontakte eröffnen Ihrem Unternehmen gerade in der Krise neue Möglichkeiten.

Informationen

Ihr Revitalisierungsteam untersucht viele externe Faktoren, vor allem die technologischen, finanziellen und rechtlichen Rahmenbedingungen Ihres Unternehmens. Diese Informationen und Erkenntnisse teilt es regelmäßig dem Management mit und hält es so ständig auf dem Laufenden.

Disziplin und Fokus

Ihr Revitalisierungsteam prüft auch die Disziplin und Zielgerichtetheit in Ihrem Unternehmen. Dabei behält es sowohl das Tagesgeschäft als auch die übergeordnete Formulierung Ihrer neuen Unternehmensstrategie im Auge.

Motivation und Orientierung

Ihr Revitalisierungsteam benennt Ihre Ziele und Projekte, setzt Meilensteine und vergibt Verantwortlichkeiten. Anschließend kontrolliert es, dass im Laufe der Revitalisierung Ihres Unternehmens sich alle daran halten. Dadurch baut es einerseits Leistungsdruck auf, vermittelt andererseits aber auch Ihrem Management Unterstützung und Vertrauen. Viele Führungskräfte empfinden in dieser Situation offene, motivierende Kritik als sehr wichtig.

In diesem Umfeld erarbeiten Sie die zukünftige Strategie Ihres Unternehmens: Einzelne Teammitglieder erarbeiten verschiedene Themenbereiche und stellen sie in der anschließenden Sitzung dem gesamten Team vor, das sie anschließend verabschiedet:

- Unternehmensphilosophie,
- Unternehmensziele,
- Handlungsanweisungen und Ziele für die untergeordneten Teams,
- Öffentlichkeitsarbeit,
- Personal,
- Finanzierung,
- Beauftragung Dritter.

Vor allem das bisherige Management, mit Abstrichen auch der Aufsichtsrat und die Eigner, können nahende Krisen frühzeitig erkennen. Meist setzt jedoch nicht die Unternehmensleitung das Krisenmanagement in Gang, sondern Kontrollorgane, Eigner oder andere Partner. Prüfen Sie in jedem Einzelfall, ob die bisherigen Manager ihre neuen Aufgaben zu meistern vermögen. Vielleicht hilft es Ihrem Unternehmen mehr, wenn Sie in der Krise das gesamte Management oder einzelne Führungskräfte auswechseln. Sie können aber auch Know-how von außen in Ihr Unternehmen holen, indem Sie Interimsmanager, Berater oder andere externe Dienstleister einstellen. Oder sie stellen Ihrem Management einen Revitalisierungscoach an die Seite, der es unterstützt und kontrolliert.

Funktionsteams

*Kenntnisse bloß zu sammeln ist
genauso schlecht wie Geld zu horten.
Auch Wissen will umgesetzt sein.*

Robert Lee Frost[52]

Ihre Funktionsteams entwickeln neue Konzepte für ihren jeweiligen Bereich und schlagen sie dem Revitalisierungsteam vor. Nachdem dieses sie verabschiedet und freigegeben hat, setzen sie die Maßnahmen selbst um und sind dafür verantwortlich, die gesteckten Ziele auch zu erreichen. Der Vorteil bei diesem Vorgehen liegt darin, dass jedes Funktionsteam sich selbst motiviert, weil es seine Zukunft mit

---

52 US-amerikanischer Schriftsteller und Psychologe, * 1874; † 1963.

gestaltet. Meist bildet sich innerhalb der Funktionsbereiche schnell ein enger Kreis von Personen heraus, der die neue Führungsstruktur Ihres Unternehmens darstellen wird.
Typische Funktionsbereiche von Funktionsteams sind:

Projektteams

Ist das Projektteam hier, um das
Problem an die Wand zu schreiben
oder um es zu lösen?
nach A. Ganz

Für besondere Anforderungen stellen Sie eigene Projektteams zusammen, z. B. Lagerumbau, Verlagerung von Funktionen auf andere Unternehmenseinheiten, Zollschwierigkeiten. Beachten Sie bei allen Teams, dass sie eine klare Struktur aufweisen, klare Ziele und Zeitvorgaben bekommen und auf jeden Fall an Ihr zentrales Revitalisierungsteam berichten.

Erfolgsfaktor Methoden

Sie kennen schon viele Analysemethoden, die Sie für die erfolgreiche Revitalisierung Ihres Unternehmens benötigen. Folgende Methoden können Sie anwenden, damit die Teilnehmer Ihrer Teamsitzungen bestmöglich zusammenarbeiten und Ergebnisse hervorbringen:

Workshop-Ansatz

Sie erarbeiten die neue Strategie für Ihr Unternehmen in gemeinsamen Sitzungen mit dem Aufsichtsrat und dem Management. Veranstalten Sie die Sitzungen als Workshops, auf denen Sie nach und nach Ihre neue Strategie formulieren. In diesem Zeitraum wirken Aufsichtsrat und Management häufig und intensiv zusammen, sowohl fachlich als auch menschlich.

Reality-Check-Ansatz

Bei diesem Ansatz erarbeitet das Management die Strategie, das Revitalisierungsteam prüft sie anschließend und passt sie bei Bedarf an. Dabei stellt es sicher, dass die Pläne und Budgets, die Ihr Management entworfen hat, plausibel und erreichbar sind. Es hilft, alte Denkmuster zu überwinden, indem es kritische Fragen stellt und dabei Sachverhalte aufdeckt, die das Management nicht oder anders bewertet hat.

Welchen Ansatz Sie im Einzelfall wählen, hängt von verschiedenen Faktoren ab: Außer der Qualität Ihres Managements spielt es eine wichtige Rolle, wie sich Ihr Revitalisierungsteam zusammensetzt. Je mehr Kenntnisse seine Mitglieder in den entsprechenden Bereichen Ihres Unternehmens mitbringen, desto mehr können sie im Rahmen eines Workshops aktiv dazu beitragen, die neue Strategie zu formulieren.

Erfolgsfaktor Methodik und Kreativität

Der Prozess der Revitalisierung erzwingt eine ganzheitliche Denkweise. Zum ersten Mal seit langer Zeit betrauen Sie Ihre Mitarbeiter mit einer Zusammenarbeit über Abteilungsgrenzen hinweg. Sie erwerben Wissen über neue Methoden und Ansätze. Dieses Wissen müssen Sie durch professionelles Management weiter vertiefen, damit Ihr Unternehmen davon später profitiert.

Hinterfragen Sie laufend alle Grundlagen Ihres Geschäfts, wägen Sie Alternativen systematisch ab, ziehen Sie radikal Neues in Betracht, und bedenken Sie bislang Undenkbares. Innovative Produkte im Wettbewerb, geändertes Verhalten Ihrer Kunden, wachsender Kostendruck oder ein sprunghafter Wandel Ihres Marktes können Sie dazu veranlassen. Nur wenn Sie ganz bewusst Veränderungsprozesse in Gang setzen, behalten Sie das Gesetz des Handelns in der Hand.

Fazit

Nun haben Sie den zweiten Teil der Transformation hinter sich gebracht, der Patient Unternehmen kann die Klinik verlassen. Jetzt beginnt die Reise, auf der Sie aus dem gerade genesenen ein starkes Unternehmen mit Visionen und großer Anziehungskraft auf dem Markt bauen. Mit Ihren Maßnahmen im Zuge der Revitalisierung haben Sie in Ihrem Unternehmen alte Verhaltens- und Denkmuster aufgebrochen. Sie haben Ihr Unternehmen vollständig durchgearbeitet und kennen gelernt. Sie haben ein neues Kosten- und Problembewusstsein entwickelt. Alle Beteiligten haben zusammengearbeitet, um mit externer Hilfe Analysemethoden, Workshop-Ansätze und Projektmanagement als neue Kernkompetenzen ins Haus zu bringen.

Achten Sie nun darauf, dass Ihre Unternehmensleitung nicht wieder auf alte Standpunkte und Verhaltensmuster zurückfällt. Dann haben Sie nämlich an Ihrer strategischen Ausrichtung nicht wirklich etwas geändert. Dann haben Sie die Zitrone noch etwas mehr ausgequetscht und dadurch Ressourcen auf Zeit gewonnen. Sie befinden sich aktuell zwar in keiner Liquiditäts- oder Erfolgskrise mehr, aber immer noch in einer strategischen Krise.

Wie kommen Sie da schnellstens heraus? – Denken Sie komplett und radikal anders. Nutzen Sie das neue Wir-Gefühl in Ihrem Unternehmen und die Stärke, die Ihre Mitarbeiter daraus entwickelt haben. Ihre Stichworte für die nun beginnende Zeit lauten:

◆ Revolution,

◆ Innovation,

◆ Kreativität.

Wenn Sie sich nur an anderen orientieren, werden Sie am Markt keine Vormachtstellung erringen. Sie werden nur der zweite Sieger bleiben oder gar noch weiter hinterher rennen. Die Veränderungen dagegen kommen ganz von allein auf Sie zu: Technologien, Märkte, gesetzliche Rahmenbedingungen und Wettbewerber verändern sich immer schneller und ungeplanter, ja unplanbarer.

Wie können Sie angesichts dieser Lage in Ihrem Unternehmen ein System entwickeln und einführen, das Ihnen dauerhaften unternehmerischen Erfolg sichert und Ihre Mitarbeiter langfristig zufrieden stellt? – Die gute Nachricht: Indem Sie Ihr Unternehmen analysiert und wirksame Maßnahmen zur Revitalisierung ergriffen haben, sind

Sie schon sehr weit gekommen. Die schlechte Nachricht: Ihr Unternehmen wird nie mehr so sein, wie es einmal war, und Sie wissen auch nicht, wie es in Zukunft sein wird. Von nun an ist der stetige Wandel Ihr Freund und Wegbegleiter.

Zusammenfassung

Dieses zweite Kapitel stellt Ihnen betriebswirtschaftliche Maßnahmen und Verhaltensweisen vor, mit denen Sie Unternehmenskrisen bewältigen und/oder neue Wege gehen können. Jedes Unternehmen steht ständig vor der Notwendigkeit, sich zu ändern – unabhängig davon, ob es ihm gut geht oder ob es bereits ein Krisenmanagement benötigt. Hinterfragen Sie dabei stets aufs Neue alle Grundlagen Ihres Geschäfts, und entdecken Sie mögliche Alternativen. Nur wenn Sie Veränderungsprozesse bewusst einsetzen, behalten Sie das Heft und die Zukunft Ihres Unternehmens in der Hand.

Fragen zur Kraft «Das Werkzeug»

1. Wie gut (Planung, Umsetzbarkeit, Kontrolle) ist Ihre Budgetierung inklusive eines Soll-Ist-Vergleichs?

2. Erhalten Sie eine komplette Übersicht über Kosten und Umsatz nach Leistungsbereichen?

3. Wie gut (schnell, unkompliziert, große Akzeptanz) sind die Entscheidungsprozesse in Ihrem Unternehmen?

4. Wie gut (zeitnah, transparent, nachvollziehbar) sind die Prozesse für Zielvorgaben?

5. Wie gut (regelmäßige Wiederholungen, transparent, nachhaltig) ist der Prozess für Qualitätskontrolle?

6. Wie gut (pünktlich, zuverlässig) ist die Zahlungsmoral Ihrer Kunden?

7. Wie gut (übersichtlich, schnell abrufbar, genau) ist Ihre Infrastruktur für Kontrolle und Finanz-Controlling?

8. Wie viel Prozent der Neukunden-Angebote haben Sie im vergangenen Jahr an die Konkurrenz verloren?

9. Wie hat sich die Quote gewonnener Angebote in den vergangenen zwei Jahren entwickelt?

10. Wie hat sich die zeitliche Dauer vom Kunden-Erstkontakt bis zum erfolgreichen Kaufvertrag in den vergangenen zwei Jahren entwickelt?

11. Sind Sie sich der Stärken, Schwächen, Chancen und Gefahren Ihres Unternehmens bewusst?

12. Verfügen Sie über Produkte/Dienstleistungen in allen Lebenszyklen?

13. Wie genau verfolgen Sie die Aktivitäten Ihrer Konkurrenz?

14. Sind mehr Mitarbeiter und Manager in den vergangenen Jahren zur Konkurrenz gewechselt, als von der Konkurrenz zu Ihnen?

15. Verfügen Sie über eine optimale Kapitaldeckung für die Expansion Ihres Unternehmens?

16. Ist Ihr Marktanteil in den vergangenen 3 Jahren gestiegen?

17. Wie gut ist die Qualität Ihrer Produkte/Dienstleistungen gegenüber derer der Konkurrenz?

18. Wie gut sind Ihre Preise gegenüber Ihrer Konkurrenz?

19. Wie hoch sind die Ausfälle für Forderungen?

20. Wie gut sind Verträge und Richtlinien für Kunden und Partner definiert?

Die Inspiration

Die Inspiration – die dritte Kraft

D ie Hummel hat eine Flügelfläche von 0,7 Quadratzentimetern bei einem Körpergewicht von 1,2 Gramm. Laut den Gesetzen der Flugtechnik ist es unmöglich, bei diesem Verhältnis zu fliegen. Die Hummel weiß das nicht und fliegt einfach!![1] Das lateinische Wort «inspirare» bedeutet, Atem oder Leben einzuhauchen. Und so wie wir ohne Atem tot sind, fehlt uns ohne Inspiration die Lebendigkeit. Die Inspiration ist also Quell unserer Kreativität und Phantasie. Ohne sie ist das, was wir machen, mechanisch. Ohne sie fehlt dem, was wir tun, die Farbe. Ohne sie hätte weder Michelangelo seine Bilder malen noch Otto Lilienthal seine ersten Flugversuche unternehmen können. Ohne Inspiration gäbe es weder die Musik von Mozart und Beethoven noch von den Beatles und den Rolling Stones, keine Geschichten von Goethe, Hemingway oder Hesse, keine Autos und kein elektrisches Licht.

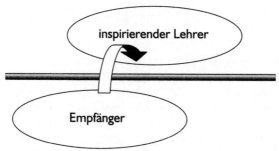

Ein echter Alchimedus muss sich selbst erkennen und akzeptieren, er muss seine Profession und Unternehmung in Breite und Tiefe verstehen und in Systemen denken können, er sollte wiss- und lernbegierig sein! Er/sie will Wissen weitergeben! Er/sie möchte das System als Ganzes nach vorne bringen! Die ersten zwei Kapitel haben sich eben mit dieser Persönlichkeitssuche sowie mit der Unternehmung befasst. Sie haben sich bis zu diesem Punkt nur auf die Zukunft vorbereitet. Jetzt können Sie beginnen, diese selbst zu gestalten und nicht mehr als rein passiver Empfänger zu leben. Springen Sie über die gedankliche Linie des Empfängers und werden Sie ein inspirierender Lehrer!

---

1   Natürlich gehorcht auch die Hummel den Gesetzen der Aerodynamik. Insekten mit flexiblen Flügeln arbeiten – anders als etwa Flugzeuge – nicht mit laminarer Strömung, sondern mit stabilen Luftwirbeln. Siehe auch: http://www.quarks.de/fliegen2/04.htm

Die Inspiration und die aus ihr strömenden Ideen sind es, die Sie und jeden von uns jeden Tag Besonderes vollbringen lassen. Überlegen Sie: Was ist gescheitert, weil Ihnen die Eingebung fehlte? Aber auch: Was ist in Ihrem Leben geschehen, weil Ihre Inspiration Sie beflügelte und Ihnen Kraft gab?

In der Inspiration liegt auch der Ursprung jeder unternehmerischen Leistung. Sie setzt enorme Kräfte zur Erneuerung frei. Deshalb ist sie auch die Quelle jeder Innovation, die eine Wirtschaft voran bringt. Wenn Sie als Alchimedus Ihren Weg im Unternehmen gehen, bedeutet das, dass Sie die Inspiration der Menschen um Sie herum fördern und sie darin bestärken, lebendig, kreativ und innovativ zu sein. Gemeinsam wollen Sie das ganze System voran bringen und denken daher nicht nur an Ihre persönlichen Ziele, sondern auch an den Nutzen des gesamten Unternehmens. Sie geben Ihre Kenntnisse weiter und fördern Neues und Erfinderisches. Sie wollen lernen, Sie wollen wissen und Sie wollen lehren.

Neue Unternehmen brauchen diesen Geist der Inspiration, der sie aus ausgetretenen Pfaden herausführt und zu frischem Handeln und Innovationen leitet. Dafür benötigen sie aber etwas, das Führungskreise in Unternehmen und Beratungsgesellschaften oft nicht ausreichend beachten:

Menschen entfalten sich und entwickeln ihre ganze Inspiration erst dann, wenn sie vertrauen und an die Firma und ihre Leitung glauben, wenn sie sich in den Grundsätzen des Unternehmens wiederfinden, wenn sie sich mit anderen «Inspiratoren» austauschen und an Gegenpositionen reiben können. Menschen sind bereit, sich mit voller Kraft für eine Idee und ein Unternehmen einzusetzen, wenn diese ihre inneren Werte jenseits vom reinen Erwerbsgedanken ansprechen. Nur was die Menschen gern tun, tun Sie auch gut und das sogar in kürzester Zeit. Menschen, die ihre persönlichen Motive kennen und danach handeln, benötigen eigentlich gar keine Motivierung von außen. Sie haben genug Antrieb, um sich von selbst in die von ihnen gewünschte Richtung zu bewegen.

Diese Tatsache sollten alle berücksichtigen, die Innovationen fördern – sei es in Innovationsseminaren oder indem sie die Innovationskultur zu verändern versuchen. Dann tritt das Bewusstsein für den Menschen so in den Vordergrund, wie es das erste Kapitel beschrieben hat. Kombinieren Sie nun dieses Bewusstsein mit dem betriebswirtschaftlichen Wissen, das Sie im zweiten Kapitel erworben haben, so besitzen Sie zwei Kräfte, mit denen Sie langfristig innovativ handeln können. Damit gestalten Sie sowohl Ihre eigene Zukunft als auch die Ihres Unternehmens nach seiner Revitalisierung.

Empfangen Sie nicht länger nur passiv die Vorgaben in Ihrem Unternehmen, sondern werden Sie ein inspirierender Lehrer in Ihrem Bereich. Damit haben Sie die Synthese der ersten und zweiten Kraft vollzogen. Sie verstehen Ihre ganze Profession, Ihr ganzes Unternehmen in Breite und Tiefe. Sie interessieren sich für Ihre Mitmenschen und für Ihren Beruf und wollen Ihr Wissen weitergeben. Dabei sind Sie bereit, ganz neue Wege zu beschreiten, Konflikte konstruktiv zu lösen und Widerständen zu begegnen. Die Kraft dafür beziehen Sie aus Ihrer Inspiration.

Finden Sie den Schlüssel für die folgende Aufgabe durch Ihre Vorstellungskraft: Verbinden Sie die neun Punkte mit höchstens vier Geraden, ohne dabei abzusetzen. Die Lösung finden Sie auf den letzten Seiten des Buches. Bitte schlagen Sie sie nicht nach, sondern lösen Sie die Aufgabe selbst.

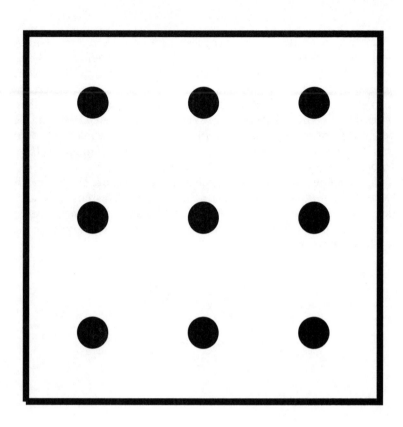

*Phantasie ist wichtiger als Wissen,
denn Wissen ist begrenzt.*

    Albert Einstein[2]

---

2   Deutscher Physiker, * Ulm, 14. 3. 1879; † Princeton, 18. 4. 1955.

Phantasie ist die Gabe, unsichtbare
Dinge zu sehen!

Jonathan Swift[3]

> *Vor drei Jahren startete das Technologieförderprogramm*
> *«Haus der Zukunft». Teilnehmer entwickelten dabei das Kon-*
> *zept des Strohballenhauses. Es handele sich um eine ebenso*
> *unkonventionelle wie Richtung weisende Idee für Energie und*
> *Rohstoff bewusstes Wohnen, beschreibt der österreichische*
> *Infrastrukturminister Hubert die unkonventionelle Innovation.*
> *Das S-House verbindet in gelungener Weise die Passivhaus-*
> *technologie mit der Nutzung nachwachsender Rohstoffe. Schon*
> *ein Passivhaus benötigt lediglich 6–10 % des Heizwärmebe-*
> *darfs eines konventionellen Gebäudes. Die Werte des S-House*
> *aber sind noch einmal deutlich besser, sie liegen bei 3–5 % des*
> *Bedarfs eines konventionellen Gebäudes. Dies erreicht das*
> *Strohballenhaus mit einer intelligenten Haustechnik, die*
> *erneuerbare Energieträger verwendet und Abwärme nutzt, bei-*
> *spielsweise durch die Glasfront an der Südseite, die eingebau-*
> *ten Sonnenkollektoren und einen Gartenteich als Reflexions-*
> *fläche. Die Gebäudehülle besteht aus einer Holz-Strohballen-*
> *Konstruktion, die Wandaufbauten nutzen zu Demonstrations-*
> *zwecken auch andere Materialien wie Hanf, Flachs, Schaf-*
> *wolle und Zellulose.*

Die Idee des Strohballenhauses zeugt von ungewöhnlicher Denkweise. Im unternehmerischen Tagesgeschäft und bei der herkömmlichen Strategieplanung gehen aber viele Mitarbeiter keine unkonventionellen Wege, sondern übernehmen meist unaufgefordert alle
Branchen- und Firmendogmen. Die Wurzeln für diese Haltung reichen
schon lange zurück:

> *Jahrhunderte lang durften Handwerker überhaupt nicht*
> *innovativ sein. In einer Zunfturkunde von 1523 heißt es aus-*
> *drücklich: «Kein Handwerksmann soll etwas Neues erdenken,*
> *erfinden oder gebrauchen.» Und 1570 untersagen die Nürnber-*
> *ger Zünfte einem Werkzeugmacher, «seine Sägen mit einem neu*
> *erfundenen Hauzeug herzustellen.»*

---

3   Angloirischer Schriftsteller, * Dublin, 30. 11. 1667; † ebenda 19. 10. 1745.

Und so entstehen viele neue Produkte anhand herkömmlicher Strategien. Sie sind zwar meist etwas besser als ihre Vorgänger, aber sie bringen nichts wirklich Innovatives und Neues. Dafür gibt es viele Beispiele: Wenn «Raider» zu «Twix» wird, wenn eine «Software der nächsten Generation» sich nur durch die Grafiken von der Vorgängerversion unterscheidet, wenn... – welches Beispiel finden Sie in Ihrem Umfeld?

Wenn Sie auf herkömmlichen Wegen wandeln, wird auch die Wertschöpfung Ihres Unternehmens gering bleiben, denn Ihre Einnahmen können sich dann nur am bisherigen Niveau orientieren. In unserer Gesellschaft wird es aber immer wichtiger, mit neuen Mitteln eine höhere Wertschöpfung zu erzielen. Setzen Sie sich daher dauerhaft und systematisch mit Ihrem Problem auseinander, und untersuchen Sie sowohl seine Struktur als auch Ihre persönliche Wahrnehmung davon.

Das Alchimedus-Prinzip ruft Sie dazu auf, für komplexe Unternehmenssituationen kreative Strategien zu entwickeln. Mehr Wertschöpfung erzielen Sie nämlich, wenn Sie Ihre Produkte laufend wirklich verbessern. Ihre Inspiration führt Sie zu kreativen Leistungen und in der Folge zu innovativen Produkten. Sorgen Sie also dafür, dass Ihre Inspiration sich frei entfalten kann und dass Ihr Unternehmen so an viele gute Ideen für neue Produkte und Prozesse gelangt.

Inspiration, Wissen und Innovation

Menschen mit einer neuen Idee gelten
so lange als Spinner, bis sich die
Sache durchgesetzt hat.

Mark Twain[4]

In jeder Institution, in jedem Unternehmen und in jedem Menschen schlummert ein großes, ungenutztes Wissenspotenzial. Auch in Ihrem Unternehmen und in Ihnen selbst.

Im Unternehmen ist Wissen ein bedeutender Vermögenswert, auch wenn es in der Bilanz meist nicht auftaucht – denn es ist unsichtbar und zum größten Teil nur in den Köpfen der Menschen verfügbar.

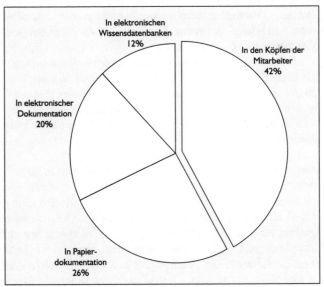

Wo befindet sich Wissen? – Antworten von Unternehmen in %[5]

---

4 US-amerikanischer Schriftsteller, * Florida, Mo., 30. 11. 1835; † Redding, Conn., 21. 4. 1910.
5 Quelle: Delphi Group

Alchimedus-Management: Innovationsmanagement durch Inspiration

Legen Sie das Wissen frei, das in Ihnen und in anderen ruht. Entwickeln Sie damit Innovationen, und führen Sie Unternehmen zu beständigem wirtschaftlichen Erfolg und einer glänzenden Position im globalen Wettbewerb. Deutschland hat in den letzten Jahren an Boden verloren, deshalb ist die Zeit reif für ein neues Innovations- und Qualitätsbewusstsein:

Einst stand «Made in Germany» für besondere Qualität und für Innovationen. Dem ist nicht mehr so, wie das «Excellence Barometer 2003» der Deutschen Gesellschaft für Qualitätsforschung, des Forschungsinstituts Forum und des Magazins «Impulse» belegt. Deutschland brauche dringend ein neues Qualitätsbewusstsein, heißt es da. Jeder fünfte von 1000 befragten Managern mittelständischer und großer Unternehmen bescheinigt deutschen Produkten einen beträchtlichen Qualitätsverfall.

Erfolgreiche Unternehmen unterscheiden sich von weniger tüchtigen hauptsächlich in der Kompetenz ihrer Führung und in der Hinwendung zu ihren Mitarbeitern. Dabei schneiden viele deutsche Manager mit ihren fachlich-technischen Stärken klar besser ab als mit ihrem kaufmännischen und sozialen Können.

Innovation bezieht sich also nicht nur auf die Qualität Ihres Produktes, sondern auch auf die Menschenführung, auf Prozesse in Ihrem Unternehmen und vor allem auf den Service um Ihr Produkt herum. Hier sind Veränderungen gefragt – stoßen Sie als Alchimedus sie an.

Ihr Umfeld lebt, die Strukturen ganzer Branchen können sich sehr kurzfristig ändern. Unter diesen Voraussetzungen bieten Innovationen Ihnen die Chance, den Veränderungen nicht hinterherzulaufen, sondern sie selbst auszulösen. Deshalb kommt Ihnen als Alchimedus die Aufgabe zu, verborgene Wissensschätze zu heben: Verwandeln Sie Blei (erstarrtes Wissen) in Gold (gelebtes Wissen). Inspirieren Sie die Menschen in Ihrem Unternehmen dazu, Neues hervorzubringen. Sorgen Sie dafür, dass jedem Mitarbeiter alle Quellen des Wissens zur Verfügung stehen, optimieren Sie die Informationstechnologie in Ihrem Unternehmen, regen Sie Experten- und Mitarbeitergespräche an, fördern und belohnen Sie es, wenn Mitarbeiter ihr Wissen weitergeben, etwa indem Sie das betriebliche Vorschlagswesen verbessern.

Nach einer Umfrage des Deutschen Instituts für Betriebswirtschaft reichten Mitarbeiter in ihren Unternehmen im Jahr 2002 rund 1,36 Millionen Verbesserungsvorschläge ein; etwa 70 Prozent davon wurden in die Praxis umgesetzt. Die Firmen vergaben dafür Prämien in Höhe von 185 Millionen Euro, sparten durch die Vorschläge aber Kosten von insgesamt 1,18 Milliarden Euro. Damit liegt der Prämiensatz bei etwa 15 bis 30 Prozent der Einsparungen.

Was ist eine Innovation?

«Die meisten Leute tun etwas, weil sie es tun müssen. Innovatoren tun etwas, weil sie es n i c h t tun müssen.»

Unbekannt.

Wenn Sie alle Vorschläge gesammelt haben, gilt es, daraus diejenigen Ideen herauszufiltern, die Sie als wirkliche Innovation verwerten können. Was aber ist überhaupt eine Innovation im ganzheitlichen alchimedischen Sinn?

Durch eine Innovation können Sie die Bedürfnisse Ihrer Kunden mit mindestens einem Aspekt Ihres Produktes oder Ihrer Dienstleistung besser befriedigen. Innovationen müssen also anwendbar sein – für Menschen etwa, die ihre Kleidung bisher immer mit der Hand gewaschen haben und nun eine Waschmaschine nutzen, hat sich spürbar etwas verbessert. Aber Innovationen befriedigen Bedürfnisse nicht nur im wirtschaftlichen, sondern auch im sozialen Sinne besser. Sie beziehen sich daher ebenso darauf, wie Sie in Ihrem Unternehmen die Produktion managen und die daran Beteiligten organisieren. Wie eine Neuentwicklung einzuordnen ist, können Sie anhand folgender Faktoren bestimmen:

1. Auslöser
2. Neuheitsgrad
3. Veränderungsumfang
4. Gegenstandsbereich

Beispiele für Innovationen

A) von innen: oftmals im Bereich Forschung und Entwicklung, wo
etwa bei Automobilherstellern in der Sicherheitsforschung die
Innovation «Airbag» entstand,

B) von außen: oft als Folge neuer Gesetze oder aktueller Entwicklungen auf dem Markt, wo etwa die Nachfrage nach mobiler Kommunikation zur Entwicklung von Handys führte.

Also überlegen Sie sich, wo Sie Innovationen in Ihrem Unternehmen
stärker fördern könnten. Welche Impulse von innen und von außen
sind für Ihr Unternehmen wichtig? Lassen Sie sich dabei von unterschiedlichen Ansätzen leiten:

| **«Fit-Ansatz»**

Betrachten Sie einerseits die Aktivitäten und Ressourcen Ihres
Unternehmens und andererseits die Möglichkeiten im gegebenen oder
zu erwartenden Umfeld Ihres Unternehmens. Führen Sie dann eine
umfassende Analyse durch, wie sich die Bedürfnisse und Vorlieben
Ihrer Kunden, die technologischen Entwicklungen und die Standards
in Ihrer Branche verändern. Der FIT-Ansatz entspricht genau dem
Ergebnis Stärken/Chancen-Übereinstimmung aus der SWOT-Analyse.

| **«Stretch-Ansatz»**

Betrachten Sie Innovationen als eine Verlängerung der internen
Stärken, Kompetenzen und Ressourcen Ihres Unternehmens. Stellen
Sie sich vor, dass Sie sie in den Markt hinein «drücken» und nicht ihm
anpassen. Das bedeutet, dass weniger der Markt als Ihr innovatives
Produkt selbst die Nachfrage angeregt. Analysieren Sie also, welche
eigenen Möglichkeiten durch Menschen, Technologien und Prozesse
Sie besitzen, um neue Produkte und Marktchancen zu entwickeln.

Der Stretch-Ansatz ist immer eine Handlungsalternative, das Risiko
ist jedoch gegenüber dem Fit-Ansatz wesentlich höher, so dass nach
Gatter, wenn möglich, dem Fit-Ansatz höhere Priorität einzuräumen
ist.

Im Rahmen dieser Überlegungen gelangen Sie dann schnell zu der Frage, wie neu es wirklich ist, was an innovativer Entwicklung in Ihrem Unternehmen geschehen kann oder sogar schon geschieht. Eine grundlegende Neuentdeckung ist dann eine «Basisinnovation»: Sie markiert einen wichtigen Durchbruch in Richtung auf neue Technologien oder Organisationsprinzipien. Dazu zählt etwa der erste Rechner von Konrad Zuse aus dem Jahr 1936, der das Computer-Zeitalter einläutete. Basisinnovationen ziehen dann meist eine Vielzahl neuer Anwendungen, die «Folgeinnovationen», nach sich.

Erkennen Sie also in Ihrem Umfeld die Möglichkeit einer Basisinnovation, oder sollten Sie eher Folgeinnovationen anregen? Außer Basis- und Folgeinnovationen gibt es noch die «Verbesserungsinnovationen», die nur einzelne Bestandteile neu gestalten, die grundlegenden Funktionen und Eigenschaften aber beibehalten. Dazu zählt es etwa, wenn Handys erstmals die Möglichkeit bieten, auch Bilder aufzunehmen.

Um Ihre Innovation in dieses System einzuordnen, können Sie Ihr Produkt nach dem Grad seiner Neuheit einordnen und beurteilen, wie ungewöhnlich, selten, nützlich und anwendbar es ist. Wie würden Sie etwa ein berührungskaltes Bügeleisen oder das Wasserstoffauto einstufen? Anhand Ihrer Bewertungen können Sie verschiedene Produkte, Ideen oder Konzepte bezüglich ihrer Innovationskraft vergleichen.

Wie bewerten Sie zum Beispiel diese Junghans-Innovation?

1927 erschien in einem Katalog der Firma Junghans eine Armbanduhr. Fachkreise beurteilten es als «Modenarrheit, die Uhr an der unruhigsten und den größten Temperaturschwankungen ausgesetzten Körperstelle zu tragen». Experten prophezeiten, die Armbanduhr würde eine kurzfristige Modeerscheinung bleiben – den Rest der Geschichte kennen Sie oder tragen ihn am Handgelenk.

Die erste Armbanduhr liefert ein schönes Beispiel für eine Innovation, die wenig am vorhandenen Produkt änderte, aber große Wirkung zeigte.

Je radikaler eine Innovation ist, desto umwälzender sind auch die Veränderungen, die sie bewirkt: Eine radikale Innovation besitzt einen äußerst hohen Neuheitsgrad für das Unternehmen und für den Markt. Sie verwendet ganz neuartige Technologien und bedient neue Märkte. Ein aktuelles Beispiel dafür ist die Nanotechnologie: die Wissenschaft vom unvorstellbar Kleinen – ein Nanometer ist ein Millionstel eines Millimeters, 50 000 Nanometer ergeben den Durchmesser eines menschlichen Haares. Die Nanotechnologie revolutioniert die minimal invasive Chirurgie ebenso wie herkömmliche Drucktechniken.

Die Bedeutung eines Produkts hängt auch von seiner Reichweite ab: Eine neuartige Alarmanlage für Autos, bei der Tiere keinen Fehlalarm auslösen können, hätte eine geringere Reichweite als eine neuartige Methode, mit Sonnenenergie zu kochen.

Radikale Innovationen bringen häufig ein hohes technisches und wirtschaftliches Risiko mit sich. Deshalb müssen sie zu Anfang meist große Hürden überwinden:

Am 14. Juli 1881 erschien in Berlin das «Buch der 96 Narren» – das erste Telefonbuch. «Buch der 96 Narren» hieß es im Volksmund, weil die ersten 96 deutschen Teilnehmer, die auf diesen «Schwindel aus Amerika» – das Telefon – hereingefallen waren, dem Mann auf der Straße leid taten. Der Postminister bot jeder Stadt ein eigenes Fernsprechnetz an, sobald sich 40 Interessenten gemeldet hätten – in Köln waren es nur 36. Noch heute hätte man wohl Schwierigkeiten, einen Kölner per Telefon zu erreichen, wenn die Industrie- und Handelskammer nicht für die restlichen vier gebürgt hätte.[6]

Nicht jede Innovation bringt notwendigerweise solche bahnbrechenden Veränderungen mit sich wie das Telefon. Bei Produkten und Prozessen sind radikale Innovationen eher selten. Die meisten Innovationen bestehen in neuen Gestaltungen oder neuen Positionierungen, sie reduzieren Kosten, erweitern Produktfamilien oder verbessern vorhandene Produkte.

Wenn Sie sich eher innerhalb bekannter Märkte und Technologien bewegen wollen, setzen Sie auf kleine Innovationen. Diese können Sie meist mit deutlich weniger Risiko einführen. Denken Sie beispielsweise an die Erfindung des Vier-Rad-Antriebs bei Autos – es war abzusehen, dass viele Kunden diese Innovation annehmen würden.

Um vorhandene oder mögliche Bedürfnisse besser zu befriedigen, können Sie Ihre Produkte im Hinblick auf ihren Kern, ihr Design oder ihren Zusatznutzen verändern. Dabei steht Ihnen ein großer Spielraum zur Verfügung: Schaffen Sie gänzlich neuartige Produkte, oder

---

6   http://www.itmr.de/n16236/news17644.html – Leider handelt es sich bei
    dieser Geschichte lediglich um eine gute Erfindung: Das erste Berliner
    Telefonbuch wies 187 Anschlüsse auf und war schon nach wenigen Wochen
    hoffnungslos von der Nachfrage überholt. Der «Fernsprecher» wurde innerhalb
    kürzester Zeit zum Statussymbol.

verbessern Sie vorhandene Produkte, indem Sie Eigenschaften neu kombinieren.

Wir fragen uns: Wer bin ich schon,
dass ich brillant, über alle Maßen
talentiert und fabelhaft wäre? Aber:
Wer bist Du, dass Du es nicht sein
solltest?

Nelson Mandela[7]

Innovationen können in verschiedenen Bereichen stattfinden:

◆ Produktinnovationen,

◆ Anpassungsinnovationen/Marketinginnovationen,

◆ Prozessinnovationen,

◆ soziale und organisatorische Innovationen.

Diese Einteilung vermittelt Ihnen eine Orientierungshilfe, in welche Richtungen Sie Innovationen «anschieben» können.

---

7   Südafrikanischer Politiker aus dem Volk der Xosa, * Umtata, Transkei, 18. 7. 1918.

Produktinnovationen

Die größte Gefahr für unser Geschäft
ist, dass ein Tüftler irgendetwas
erfindet, was die Regeln in unserer
Branche vollkommen verändert,
genauso wie Michael und ich es
getan haben.

Bill Gates[8]

Bei der Produktinnovation handelt es sich um die klassische Form der Innovation. Neuen Produkten kommt immer große wirtschaftliche Bedeutung für Unternehmen und für die gesamte Volkswirtschaft zu. Die Lebenszyklen aller Produkte werden kürzer, die weltweite Konkurrenz nimmt zu – unter diesen Bedingungen machen neue Produkte einen immer höheren Anteil am Gesamtumsatz aus.

Lassen Sie sich doch auf der Suche nach der geeigneten Innovation für Ihr Unternehmen von der folgenden Liste wichtiger Erfindungen aus den letzten Jahrtausenden inspirieren:[9]

	Innovation/ Erfindung	Ort/Erfinder
620 v. Chr.	Münzen	Lydien, Kleinasien
85 v. Chr.	Mühle	Griechenland
50	Dampfmaschine	Heron von Alexandria, Griechenland
105	Papier	Tsai-Lun, China
618–906	Porzellan, Papiergeld	China

---

8   US-amerikanischer Computerfachmann und Unternehmer (Microsoft), *
    Seattle, Wash., 28. 10. 1955.

9   http://www.oppisworld.de. Allerdings wirft die Aufzählung einige Probleme
    auf: So hat Gutenberg zwar auch die Spindeldruckpresse erfunden, aber die
    eigentliche Revolution bestand in einem Verfahren zum schnellen Gießen der
    benötigten Lettern. Papier gab es bereits vor Christi Geburt, die
    (Wasser-)Mühle ist sehr viel älter und stammt aus Mesopotamien und die
    Brille haben alle möglichen Leute erfunden.

	Innovation/ Erfindung	Ort/Erfinder
1299	Brille	Alexander von Spina, Italien
1350–1400	Wecker	Deutschland
1405	Schraube	Deutschland
1445	Druckerpresse	Johannes Gutenberg, Deutschland
1500	tragbare Uhr	Peter Henlein, Deutschland
1565	Bleistift	Schweiz, Frankreich
1590	Mikroskop	Antoni van Leeuwenhoek, Holland
1670	Champagnerkorken	Dom Perignon, Frankreich
1700	Klavier	Bartolomeo Cristofori, Italien
1783	Fallschirm	Louis Lenormand, Frankreich
1791	Galvanischer Strom	Luigi Galvani, Italien
1796	Schutzimpfung	Edward Jenner, England
1798	Lithographie	Alois Senefelder, Deutschland
1802	Gasherd	Zachäus Andres Winzler
1803	Schienenlokomotive	Richard Trevithick, England
1808	Elektrisches Licht	Humphrey Davy, England
1811	Konservendose	Nicolas Appert, Frankreich

	Innovation/ Erfindung	Ort/Erfinder
1821	Elektromotor	Michael Faraday, England
1827	Photographie	Joseph-Nicéphore Niépce, Louis Daguerre, Frankreich
1829	Schreibmaschine	William Austin Burt, Amerika
1831	Dynamo, Transformator	Michael Faraday, England
1839	Fotonegativ	William Fox Talbot, England
1840	Briefmarke	James Chalmes, Rowland Hill, Schottland
1850	Unterseekabel	Jacob u. John Brett, Großbritannien
1859	Akkumulator	Gaton Planté, Frankreich
1859	Verbrennungsmotor	Etienne Lenoir, Frankreich
1861	Farbphotographie	James C. Maxwell, Schottland
1863	Untergrundbahn	London
1867	Stahlbeton	Joseph Moier, Frankreich
1872	Bakteriologie	Ferdinand Julius Cohn, Deutschland
1876	Telephon	Alexander Graham Bell, Amerika
1877	Phonograph	Thomas Alva Edison, Amerika
1878	Mikrophon	David Hughes, Amerika
1879	elektrische Glühlampe	Thomas Alva Edison, Amerika

	Innovation/ Erfindung	Ort/Erfinder
1879	elektrischer Zug	Deutschland
1881	Straßenbahn	Werner von Siemens, Deutschland
1884	Benzinmotor	Gottlieb Daimler, Deutschland
1884	Wolkenkratzer	Nordamerika
1885	Motorrad	Gottlieb Daimler, Deutschland
1886	Automobil mit Benzinmotor	Carl Ferdinand Benz, Gottlieb Daimler, Wilhelm Maybach
1886	Coca Cola	John Pemberton, Amerika
1887	Grammophon	Emil Berliner, Deutschland
1889	Münzfernsprecher	William Gray, Amerika
1891	Elektroherd	Carpenter Electric Company, USA
1892	Dieselmotor	Rudolph Diesel
1891	Zelluloidfilm 35mm	William Kennedy Laurie Dickson, USA
1895	drahtlose Telegraphie	Guglielmo Marconi, Italien
1895	Röntgenstrahlen	Wilhelm C. Röntgen, Deutschland
1895	Blutdruckmesser	Scipione Riva-Rocci
1896	Taxi	Deutschland
1896-1898	Radioaktivität	Antoine Henri Becquerel, Marie und Pierre Curie, Frankreich

	Innovation/ Erfindung	Ort/Erfinder
1897	Aspirin	Felic Hoffmann, H. Drieser, Deutschland
1897	Kathodenstrahlröhre	Ferdinand Braun, Deutschland
1900	Zeppelin	Graf Ferdinand von Zeppelin, Deutschland
1900	Tonfilm	Léon Gaumont, Frankreich
1901	Staubsauger	Hubert Cecil Booth, England
1903	Gesteuerter Motorflug	Orville und Wilbur Wright, USA
1905	Genetik	William Bateson, England
1906	Vitamine	Christian Eijkman, Holland; Frederick Gowland Hopkins, England
1906	Rundfunk	Reginald A. Fessenden
1910	Wasserflugzeug	Henri Fabre, Frankreich
1913	Fließband	Henry Ford, USA
1914	Kleinbildkamera	Paul Dietz, USA
1920	Haartrockner	Racine Universal Motor Company
1928	Farbfernsehen	John Logie Baird, Schottland
1931	Elektronenmikroskop	Ernst Ruska, Deutschland
1934	Nylon	Wallace Hume Carothers, USA
1935	Tonbandgerät	IG Farben, AEG, Deutschland

	Innovation/ Erfindung	Ort/Erfinder
1936	Hubschrauber	Heinrich Focke, Deutschland
1936	programmierbarer Computer	Konrad Zuse, Deutschland
1938	Kernspaltung	Otto Hahn, Friedrich Straßmann, Lise Meitner, Deutschland
1939	Düsenflugzeug	Hans von Ohain, Ernst Heinkel, Deutschland
1942	Kernreaktor	Enrico Fermi, USA
1942	Unterwasseratmungsgerät	E. Gagnon, J. Cousteau, Frankreich
1946	Mikrowellenherd	Percy LeBaron Spencer, USA
1948	Langspielplatte	CBS Corporation, USA
1950	Kreditkarte (Diners Club)	Ralph Schneider
1954	Transistorradio	Regency Electronics
1954-1957	Antibabypille	Gregory Pincus, Kohn Rock, USA
1954	Atomkraftwerk	Obninsk, UdSSR, 2002 stillgelegt
1954	Solarzelle	Gerald Pearson, USA
1955	Luftkissenfahrzeug	Christopher Cockerell, Großbritannien
1957	Weltraumsatellit (Sputnik)	UdSSR
1957	LASER	Gordon Gould und weitere
1962	Nachrichtensatellit	Bell Laboratories USA

	Innovation/ Erfindung	Ort/Erfinder
1963	Kassettenrecorder	Philipps, Niederlande
1964	Textverarbeitung	IBM, USA
1967	Satellitennavigation	US-Marine
1969	Internet	ARPA, USA
1969	Mikroprozessor	Marcian Edward Hoff, Intel
1972	Handy	Deutsche Bundespost
1976	Überschallverkehrsflugzeug	Großbritannien, Frankreich, 2003 stillgelegt
1981	Video-Einzelbildkamera	Sony Corporation, Japan
1981	Betriebssystem DOS	Seattle Computer Products, USA
1982	Kunstherz	Robert K. Jarvik, USA
1990	Weltraumteleskop «Hubble»	USA

Anpassungsinnovationen/Marketinginnovationen

Unsere Wirtschaftsgeschichte ist voll
von Beispielen über Firmen, die es
versäumten, sich einer sich
ändernden Welt rechtzeitig
anzupassen, und sich dadurch auf
dem weiten Friedhof untergegangener
Firmen ihren eigenen Grabstein
setzten.

Walter Wriston[10]

Wenn Sie Ihre Leistungen und Produkte speziell auf die Wünsche Ihrer Kunden abstimmen, gelingt Ihnen eine Anpassungsinnovation: Wer Autos mit einem Alarm versieht, wenn das Licht beim Aussteigen noch an ist, der passt die Fahrzeuge dem Bedürfnis der Kunden nach Startfähigkeit an.

Verwechseln Sie Anpassungsinnovationen nicht mit Imitationen – diese ahmen lediglich Lösungen nach, die anderen Unternehmen Erfolge beschert haben – oder mit Scheininnovationen, die den Nutzen nicht wirklich verbessern[11].

Besonders die pharmazeutische Industrie bedient sich häufig solcher Scheininnovationen, indem sie Abwandlungen von Wirkstoffen, die bereits bekannt sind, als teure Neuentwicklungen in den Markt drückt. Dazu der Pharmakologe Peter Schönhöfer: «Jährlich werden von der Pharma-Industrie in etwa 40 neue Wirkstoffe als vermeintliche Innovationen auf den Markt gebracht. Echte Innovationen, die die Therapiemöglichkeiten in der Medizin bedeutsam erweitern, sind aber seit 1990 exakt nur vier neue Wirkstoffe. Bei drei weiteren Stoffen wurden echte therapeutische Fortschritte nicht durch die Pharma-Industrie, sondern durch klinische Forschung gemacht, das heißt es wurde erkannt, dass die Stoffe auch bei anderen Krankheiten wirken als der, für die sie entwickelt wurden. Also sieben Innovationen in zwölf Jahren. Im gleichen Zeitraum wurden aber 480 neue Stoffe als Scheininnovationen auf den Markt gebracht.»[12]

---

10   US-amerikanischer Bankier (Citicorp), * 1919.
11   Vgl. Vahs, D.; Burmester, R. (2002), S. 80.
12   www.verdi.de/0x0ac80f2b_0x0002d3ac.

Prozessinnovationen

Die Fähigkeit zur Innovation
entscheidet über unser Schicksal.

Roman Herzog[13]

In Deutschland stand in der Vergangenheit die Produktinnovation im Vordergrund. Japanische Unternehmen dagegen haben sich schon viel früher mit Verfahrens- und Prozessinnovationen, etwa dem Lean Management, befasst. Gerade diese sind aber auch für die deutsche Wirtschaft besonders wichtig, weil hier der Dienstleistungssektor immerhin 70 % des Bruttoinlandsproduktes ausmacht. Wenn Sie als Alchimedus also für Ihr Unternehmen durch innovative Prozesse eine höhere Wertschöpfung erreichen wollen, müssen Sie überlegen, wo und wie Sie Abläufe optimieren oder neu gestalten können. Zum Beispiel können viele Unternehmen die Kommunikation mit ihren Kunden deutlich verbessern, indem sie ihnen viel mehr direkten Kontakt mit den Forschern und Entwicklern gewähren, welche die für die Kunden bestimmten Produkte schaffen.

Soziale und organisatorische Innovationen

Ihr werdet die Schwachen nicht
stärken, wenn ihr die Starken
schwächt.

Johann Heinrich Pestalozzi[14]

Schon im ersten Kapitel haben Sie erfahren, wie Sie als Alchimedus in Ihrem Unternehmen die Grundlage dafür schaffen, dass die Menschen in Ihrer Umgebung gern und Wert schöpfend arbeiten. Innovationen im sozialen Bereich fördern sogar noch die Zufriedenheit am Arbeitsplatz und steigern die Identifikation Ihrer Mitarbeiter mit

---

13 Deutscher Staatsrechtler, Politiker (CDU), Bundespräsident, * 1934, in seiner Rede «Aufbruch ins 21. Jahrhundert» am 26. April 1997.
14 Schweizer Sozialpädagoge, * Zürich, 12. 1. 1746; † Brugg, 17. 2. 1827.

Ihrem Unternehmen. Sie verstärken die Kreativität, ermöglichen mehr Produkt- und Prozessinnovationen sowie Qualitätsverbesserungen und senken die Kosten, weil weniger Mitarbeiter fehlen.

Wie gering dennoch manche Unternehmen Ihre Mitarbeiter achten, haben viele Menschen in den letzten Jahren erfahren müssen. Machen Sie als Alchimedus es anders, und fördern Sie die Beziehungsstruktur und -kultur in Ihrem Unternehmen: Alle Teilnehmer tragen das Gesamtsystem «Unternehmen». Dieses lebt von gemeinsamen Grundwerten, verbindlichen Normen, tradierten Regeln und Beziehungsnetzen. Treten Sie ein für Vertrauen, Verantwortung und Respekt. – Soziale und organisatorische Innovationen sind also weiche Innovationen, nicht leicht quantifizierbar und dennoch mit großer Wirkung.

Ein gutes Beispiel liefert hier ein Gaststätten- und Hotelbetrieb in Nürnberg: der Schindlerhof, 1999 und 2000 zum besten Tagungshotel Deutschlands gewählt. Der Gründer Klaus Kobjoll und sein Team haben ein hochprofitables Unternehmen von Menschen für Menschen geschaffen. Alle Mitarbeiter gestalten gemeinsam ihr eigenes Unternehmen. Im Mittelpunkt steht der Mensch als Gast genauso wie der Mensch als Mitarbeiter.

Eine solche Kultur zeigt sich in vielen Punkten: Alle Mitarbeiterinnen und Mitarbeiter erfahren regelmäßig die Zahlen des Unternehmens und alle Abweichungen. Die Umsätze – einschließlich der vorangegangenen Nacht – hängen morgens um acht Uhr an den schwarzen Brettern. Damit wissen alle genau, wo Ihr Unternehmen steht.

In regelmäßigen Mitarbeiterbefragungen stehen alle drei bis vier Jahre Teile des Unternehmensleitbilds zur Disposition, denn «niemand gibt uns das Recht, langfristige Ziele über die Köpfe der jungen Leute hinweg zu formulieren, die diese Ziele dann zu Ende führen müssen», wie es im Schindlerhof heißt.

Die Einbindung aller zeigt sich auch im Vorschlagswesen: Die 70 Mitarbeiter machen über 1200 schriftliche Verbesserungsvorschläge im Jahr. «Die kompetenteste Person für einen Verbesserungsvorschlag», so der Sprecher des Hotels, «ist schließlich immer die Mitarbeiterin, der Mitarbeiter vor Ort am betreffenden Arbeitsplatz. Was immer einen Ihrer Mitarbeiter stört, ist gleichzeitig auch ein Störfaktor für Ihr Unternehmen. Über ein lebendiges Verbesserungsvorschlagswesen kann also jedes Team-Mitglied seinen Arbeitsplatz optimal mitgestalten.» Deshalb hält die Geschäftsführung jeden Mitarbeiter dazu an, einen Vorschlag pro Monat abzugeben.

Auch in Bezug auf die Gehälter geht der Schindlerhof innovativ vor: «Wir zahlen unseren Mitarbeitern weitgehend selbst bestimmte Wunschgehälter, wobei der Betreffende sich sensibel einschätzen und dabei sein bisheriges Gehalt zur Genüge berücksichtigen muss. Bei einer Produktivität, die fast das Doppelte des Branchendurchschnitts beträgt, können wir uns das leisten. Schließlich zahlt nicht der Chef die Gehälter, sondern ausschließlich die Kunden. Das muss jedem Team-Mitglied klar sein.»

Neues entwickeln: Wie Inspiration zu Produkten wird

Bei allen betriebswirtschaftlichen und technischen Begriffen und Methoden, vergessen Sie das Herzblut nicht.

Klaus Kobjoll[15]

Die Literatur liefert viele Erklärungen, Vorlagen und Modelle für den Innovationsprozess. Ideen zu erarbeiten und dann umzusetzen läuft immer wieder ähnlich ab.

Den Stein des Anstoßes bilden meist ein internes Problem, Nachfrage oder Druck vom Markt, eine Abweichung des Ist-Zustands vom Soll-Zustand. Sammeln Sie zunächst Ideen, wo Sie im Spannungsfeld Markt – Unternehmung – Erfolg Ihre Innovation finden können. Dafür benötigen Sie Spaß und Freude an der Sache.

Als Alchimedus wollen Sie gemeinsam mit Ihrem Revitalisierungsteam Ihr Unternehmen auf stabile Fundamente stellen – heute und für die Zukunft. Dem Innovationsmanagement kommt dabei eine Schlüsselrolle zu. Stimmen Sie es also genau auf die Gegebenheiten in Ihrem Unternehmen ab, und regen Sie den Ideenfluss und die Selbstheilungskräfte in Ihrem Unternehmen an. Die notwendigen Informationen über Bedarf und Wünsche Ihrer Kunden oder über verbesserungswürdige Prozesse bringen dabei die Menschen in Ihrem Unternehmen ein – und nicht die externen Berater.

Seien Sie sich dessen bewusst, wenn Sie oder andere nun beginnen, Ideen zu sammeln. Letztendlich werden Sie diese Ideen filtern und mit Hilfe von geeigneten Instrumentarien auf einige wenige reduzieren.

Wenn Sie dann in der nächsten Phase Ihre Ideen umsetzen in Innovationen, schaffen Sie am besten immer wieder Meilensteine: Geben Sie sich für jeden Teilschritt Ziele vor, und stellen Sie sicher, dass Sie

---

15   Hotelier, * Bamberg, 13. 6. 1948.

den Prozess jederzeit, zumindest zu klar definierten Zeitpunkten, abbrechen können, etwa wenn Sie Ihre Vorgaben nicht erreichen oder wenn sich kein Erfolg einstellt. Wenn Ihre Neuentwicklung dagegen einen praktischen Nutzen verspricht, verwirklichen Sie sie auf jeden Fall.

Teilen Sie Ihren Ideenprozess nach Thom in drei Hauptphasen ein[16]:

1. Ideen generieren,
2. Ideen akzeptieren,
3. Ideen realisieren.

Ideen generieren

Wenn man die
Entwicklungsgeschichte neuer Ideen
verfolgt, so fehlt die Periode der
Verhöhnung niemals.

Honoré de Balzac[17]

Es gibt zwei Wege, auf denen Ideen entstehen: Entweder entwickeln Sie einen spontanen Gedanken, eine göttliche Eingebung durch entsprechende Kreativitätsprozesse weiter. Oder Sie erschaffen Ideen durch kreative Techniken in Teams oder von Einzelnen, die aufmerksam das Leben beobachten:

An der Wende vom ersten zum zweiten Jahrhundert nach Christus haben die Chinesen das Papier erfunden. Ohne Papier gäbe es keine Bücher, keine Zeitungen. Aber erst die Entdeckung eines Naturwissenschaftlers ermöglichte die ungeheuren Mengen bedruckten Papiers, die die Printmedien und Büros heute benötigen: René Réaumur bemerkte, dass er Papier aus Holz herstellen konnte. Wem verdankte Réaumur und mit ihm die moderne Zivilisation diese Entdeckung? – Den allerersten Papiermachern. Das waren nicht den Chinesen, sondern –

---

16 Thom, N. (1980), S. 53.
17 Französischer Romandichter, * Tours, 20. 5. 1799; † Paris, 18. 8. 1850.

193

die Wespen. Sie raspeln trockenes Holz und speicheln die
Fasern zu «Papier» ein, woraus sie ihre Nester bauen – wasser-
dicht und sehr stabil.

Inwieweit ein Unternehmen es vermag, sein offen und verdeckt vorhandenes Wissen zu nutzen und in neue Ideen umzusetzen, hängt wesentlich davon ab, wie fähig es zur Ideenfindung und damit zur Innovation ist: «Offenes Wissen» sind die im Unternehmen vorhandenen Kenntnisse und Erfahrungen, die sich formell in seinen Systemen niederschlagen, beispielsweise in Berichten, Schulungen, Archiven, Planungs- und Konstruktionsunterlagen. «Verdecktes Wissen» besteht in persönlichen Erfahrungen, Kenntnissen und Überlegungen, also in den Köpfen und Herzen der Mitarbeiter. Es tritt nur bei Gelegenheit hervor und lässt sich schwer in formellen Kommunikationssystemen ausdrücken. Regen Sie deshalb den Kontakt zwischen allen Beteiligten an, etwa Treffen zum Erfahrungsaustausch oder Ausbildungs- und Lerngruppen. So sorgen Sie dafür, dass Ihre Mitarbeiter verdecktes Wissen offenlegen und in allgemein zugängliche Quellen überführen.

Fragen Sie auf der Suche nach neuen Ideen alle Beteiligten: «Was kann ich neu machen? Wie kann ich anders werden?» Stellen Sie unkonventionelle Fragen: «Wie verliere ich alle Kunden?» – und dann im Umkehrschluss: «Wie behalte ich sie?» «Was ist mein größter Fehler im Umgang mit meinen Kunden? Was mögen meine Kunden am wenigsten?»

Im Schindlerhof von Klaus Kobjoll kam die Idee auf, alle Mitarbeiter mit Visitenkarten auszurüsten, auch den Hausmeister und die Putzfrau. Stolz präsentieren heute alle den Schindlerhof als «Ihr» Unternehmen und sind seine besten Botschafter. Selbst der Hausmeister bestimmt mit über sein eigenes Gehalt und die Rentabilität der gesamten Firma, indem er mit seinem Budget schonend umgeht. Für jedes Jahr steht eine bestimmte Summe für Fremdarbeiten im Bereich der Hausmeisterei zur Verfügung – schöpft der Hausmeister sie nicht aus und übernimmt die Arbeiten selbst, so erhält er 20 % des eingesparten Geldes.

Es gibt viele nützliche Kreativitätstechniken, die Ihnen dabei helfen, Ihren Prozess der Ideenfindung zu strukturieren. Dabei gilt immer der Grundsatz erst sammeln, dann bewerten. Einige Methoden lernen Sie im Folgenden kennen:

Brainstorming

Die Methode hat Alex F. Osborn 1953 in den USA entwickelt. Beim Brainstorming geben Sie als Alchimedus ein Thema vor und finden dazu in Ihrem Team Ideen oder Lösungsmöglichkeiten. Schaffen Sie dafür eine Atmosphäre frei von Zwängen insbesondere gruppendynamischer Art.

Beachten Sie bei Ihrer Brainstorming-Sitzung folgende Spielregeln und Rahmenbedingungen: Wählen Sie eine Tageszeit, zu der die Teilnehmer sich in keinem biorhythmischen Tief befinden, also am besten zwischen 9 und 13 oder 16 und 20 Uhr. Ermöglichen Sie es jedem, sich ungestört zu äußern und frei zu assoziieren. Verbieten Sie Kommentare, Korrekturen und Kritik. Ermuntern Sie alle Teilnehmer, ihre Kenntnisse einzubringen, auch wenn sie für die Fragestellung unwichtig erscheinen – sie könnten Assoziationen bei anderen wecken. Reglementieren Sie die Einfälle der Teilnehmer nicht. Orientieren Sie sich mehr am Problem selbst als an seiner Lösung, denn wenn Sie sich frühzeitig auf eine bestimmte Lösung einstellen, finden Sie schwerer Alternativen.

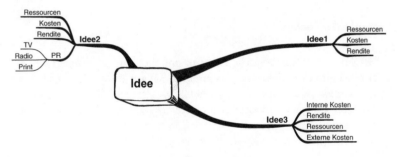

© *Tony Buzan*

Osborn-Checkliste

Alex F. Osborn entwickelte auch die nach ihm benannte Checkliste zur Problemlösung. Sie enthält neun Vorschläge, wie Sie mit den bekannten oder bisher entwickelten Ideen und Ansätzen zur Problemlösung kreativ arbeiten können:

1. Put to other uses: anders verwenden.
2. Adapt: nachahmen, nach Ähnlichem suchen.
3. Modify: Farbe, Form, Klang und andere Eigenschaften ändern.
4. Magnify: vergrößern, etwas hinzufügen, schneller machen.
5. Minify: verkleinern, etwas weglassen, langsamer machen.
6. Substitute: anderes Material, andere Bestandteile verwenden.
7. Rearrange: umstellen, neu sortieren, anders zusammenfügen.
8. Reverse: umkehren, umdrehen, von der anderen Seite anschauen, auf den Kopf stellen.
9. Combine: kombinieren, zusammenfügen, vermischen.

Metaplan®-Technik[18]

Mit Hilfe der Metaplan®-Technik erstellen Sie an einer Tafel ein optisches Bild der Diskussion: Schreiben Sie gut lesbar das Wichtigste auf Kärtchen mit unterschiedlichen Formen und Farben. Dadurch können Sie Ihre gesammelten, innovativen Ideen anschaulich gliedern.

---

18 Metaplan® ist eine eingetragene Marke der Metaplan – Thomas Schnelle Gesellschaft für Planung und Organisation mbH, Quickborn

Mind-Mapping®

Das Mind-Mapping® hat zu Beginn der 70er Jahre erstmals der Engländer Tony Buzan bekannt gemacht. Die Grundidee dieser Methode besteht darin, Informationen nicht systematisch von links oben nach rechts unten aufzuschreiben, sondern von einem zentralen Begriff in der Mitte des Blattes oder der Tafel aus weiterzuentwickeln. [19]

Progressive Abstraktion

Mit der Progressiven Abstraktion können Sie die übergeordneten Zusammenhänge erkennen, in die ein Problem eingebettet ist. Dadurch prüfen Sie, ob die vorläufige Definition Ihres Problems den wirklichen Tatbestand erfasst oder ob Sie andere Auffassungen des Problems finden können, die grundsätzlichere und weiterreichende Lösungen anregen:

1. Darstellung des Problems in der Ausgangsformulierung

   Beispiel: Wie können wir die Produktionszeit verkürzen?

2. Neuformulierung des Problems

   Mit der Fragestellung: «Worauf kommt es eigentlich an?», nähern Sie sich dem übergeordneten Zusammenhang. Ziehen Sie möglichst spezifische Formulierungen vor, damit Sie nicht zu sehr vom Ursprungsproblem abkommen.

   Beispiel: Warum können wir die Lieferzeiten unserer Lieferanten so schwer absehen?

3. Suche nach neuen Lösungsideen

   Mit Hilfe neuer Lösungsideen können Sie Ihr Problem auf einer höheren Abstraktionsstufe neu formulieren.

   Beispiel: Wie können wir erreichen, dass unsere Lieferanten die erforderlichen Rohstoffe zeitnah zur Produktion zur Verfügung stellen?

4. Iteration

   Wiederholen Sie dieses Verfahren so oft, bis Sie die höchste mögliche Abstraktionsstufe erreicht haben.

___

19 Mind mapping® ist eine eingetragene Marke von Frau Beyer, Maria, Kiel

Beispiel: Welche Lieferanten sind die, die wir für eine zeitnahe Lieferung benötigen?

Morphologischer Kasten

Den Morphologischen Kasten hat der Schweizer Astrophysiker Zwicky entwickelt. Er zerlegt Ihr Problem in Teilaspekte und stellt die Ausprägungen und Gestaltungsmöglichkeiten dieser Teilaspekte in einer Tabelle dar. Dort können Sie alles systematisch miteinander kombinieren. So finden Sie zahlreiche neue Lösungsmöglichkeiten.

Methode 6-3-5

Das Prinzip der Methode 6-3-5 lautet:
6 Teilnehmer schreiben 5 Minuten lang
3 Ideen auf und entwickeln diese insgesamt
5-mal weiter. Danach erfolgt eine Besprechung.

Synektik-Sitzung

Diese Methode teilt den kreativen Prozess in folgende Phasen ein:

1. Intensive Beschäftigung mit dem Problem

1.1. Analyse und Definition des Problems

1.2. spontane Lösungseinfälle

1.3. Neuformulierung des Problems

2. Entfremdung vom Problem

2.1. direkte Analogien beispielsweise aus der Natur

2.2. persönliche Analogien

2.3. symbolische Analogien

3. Herstellung von Denkverbindungen

3.1. Analyse der direkten Analogien

3.2. Übertragung auf das Problem

4. Entwickelung von Lösungsansätzen

Je nach Problem und Zusammensetzung Ihrer Gruppe können Sie von dieser Reihenfolge abweichen, einzelne Stufen überspringen oder rückkoppeln.

Das zugrunde liegende Prinzip lautet: «Mache dir das Fremde vertraut – entfremde das Vertraute.» Daraus können Sie neue und überraschende Lösungsansätze entwickeln.

Visuelle Synektik

Mit visueller Synektik verfremden Sie ein Problem, um einen anderen Blickwinkel zu gewinnen und dadurch außergewöhnliche Ideen zu finden. Formulieren Sie ein Ziel für Ihre Problemlösung, damit Sie sich dabei nicht verlieren. Dann bereitet ein Mitglied Ihres Teams eine Mappe mit bis zu 20 Bildern, Fotografien, Dias und Skizzen vor.

Reizwortanalyse

Beispiel für eine Reizwortanalyse:

1. Fragestellung: Wie können wir 200 kg schwere Schränke auf einfache Weise so an der Wand befestigen, dass sie in allen Richtungen «im Lot» hängen?

2. Problemfremdes Reizwort wählen: «Vogel»

3. Reizwort analysieren:
   a) Er fliegt oder schwebt.
   b) Er hat Federn.
   c) Er hat Krallen.
   d) Er hat einen spitzen Schnabel.
   e) Er hat oft gute Augen.

4. Beziehungen zum Problem herstellen, Lösungen finden:

zu a) Wir bringen an der Unterseite des Schrankes ein Luftkissen an. Indem wir kontrolliert die Luft herauslassen, können wir die gewünschte Höhe einstellen und den Schrank dann genau anschrauben.

zu b) keine Ideen

zu c) An der Rückseite des Schrankes und an der Wand bringen wir Klettverschlüsse an. Damit können wir den Schrank anheften.

zu d) Wir hängen den Schrank oberhalb seines Schwerpunktes an einem starken Draht auf und fixieren ihn. Während der Montage legen wir ein Messgerät an den Schrank an, das anzeigt, ob er ausbalanciert ist.

zu e) keine Ideen

Mit diesen oder anderen Methoden können Sie im eigenen Unternehmen, aber auch bei Lieferanten, Kunden, Datenbanken oder Fachpublikationen Ideen finden. Je offener, menschlicher und weniger hierarchisch dieser Prozess abläuft, desto größer sind Ihre Erfolgschancen.

Ideen erfassen

Sobald Sie Ihre Ideen in systematischer, strukturierter Form gesammelt haben, sollten Sie sie sichten und vergleichbar machen. Fragen Sie sich dabei vor allem: Stellen diese Ideen sinnvolle Vorschläge für die Probleme und Bedürfnisse Ihres Unternehmens und Ihrer Kunden dar? Stellen Sie für die Antwort schon vorab feste Parameter zur Bewertung auf, und ändern Sie sie im Laufe des Prozesses nicht. Nur so können Sie auch in Zukunft objektiv Vergleiche anstellen und urteilen.

Bewerten Sie Ihre Ideen im Hinblick auf ihre internen und externen Aussichten. Fragen Sie sich intern: Besitzen wir die erforderlichen finanziellen und technischen Ressourcen? Verfügen wir über genügend Mitarbeiter, um die Ideen zu entwickeln und am Markt umzusetzen? Extern bewerten Sie die Marktchance etwa nach der Größe des Marktes, seiner künftigen Entwicklung und der Marktregulierung.

Arbeiten Sie diejenigen Ideen heraus, die den größten Erfolg versprechen, und verfolgen Sie diese weiter. Bringen Sie Ihr neu erworbenes Wissen in ein System ein, das die Angehörigen Ihres Unternehmens gemeinsam nutzen können – erstellen Sie etwa eine Wissens- oder Innovationsdatenbank.

Ideen bewerten und auswählen

Nachdem Sie nun die besten Ideen herausgefiltert haben, bewerten Sie sie genau. Dafür können Sie eine Liste mit Kriterien aufstellen – aber berücksichtigen Sie auch Ihr Bauchgefühl und Ihre Intuition.

Interview mit Hilmar Kopper, ehemaliger Vorstandssprecher der Deutschen Bank:
«Ist Ihrem Berufsstand in den letzten zehn bis zwanzig Jahren das Risikogefühl in den Fingerspitzen manchmal ein bisschen verloren gegangen?»«Ja, vor allen Dingen dann, wenn man versucht hat, dieses Fingerspitzengefühl durch Denkvorgänge auszuschalten. Manchmal ist es so, je länger man nachdenkt, desto höher wird die Wahrscheinlichkeit, dass die Ent-

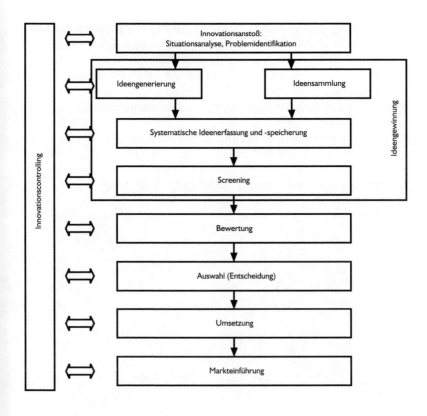

201

scheidung suboptimal ist. Ich habe immer wieder die
Erfahrung gemacht, mein erstes Gefühl war das richtige.»

Ihr Revitalisierungsteam hat sich im Laufe der Zeit aufeinander eingespielt und sollte es nun auch übernehmen, die Ideen zu bewerten. Vermeiden Sie dabei gravierende Fehler, indem Sie Erfolg versprechende Ideen nach unsachgemäßer oder flüchtiger Bewertung ablehnen und auf die falsche Idee setzen. Innovationen binden viele Ressourcen – Ihr Unternehmen wird erhebliche Nachteile in Kauf nehmen müssen, wenn Sie die Weiche falsch stellen. Lassen Sie deshalb Ihre Ideen von einem weiteren, erfahrenen Innovationsgremium prüfen. Stellen Sie sicher, dass es sich dabei um geeignete Personen handelt, die Ihre Ideen angemessen bewerten können.

Ideenauswahl

Welche Idee Sie am Ende auswählen, entscheidet nicht das Revitalisierungsteam, sondern die Unternehmensführung – und sie trägt auch die volle Verantwortung für den wirtschaftlichen Erfolg oder Misserfolg. Deshalb müssen Sie als Alchimedus sicherstellen, dass Ihre Unternehmensführung die Ideen mit Kompetenz und Weitsicht auswählt. Wenn Sie hier Mängel entdecken, müssen Sie entsprechende Maßnahmen einleiten.

Hat die Unternehmensführung entschieden, setzen Projektteams mit einem Projektmanager an der Spitze Ihre Ideen um, wenn sie umfangreich und arbeitsintensiv sind. Kleinere Innovationen dagegen können Sie auch im Rahmen bestehender Strukturen und Abläufe fertig entwickeln. Erfolgreich umgesetzte Ideen führen Sie als Produkt oder Verfahren auf dem Markt ein – und damit beginnt der Marktzyklus.

Die Idee zum Produkt wandeln: ganzheitliches Innovationsmanagement

Wenn Sie nicht über die Zukunft nachdenken, haben Sie keine!

John Galsworthy[20]

Im Allgemeinen verläuft ein Innovationsprozess nach folgendem Grundschema:
1. Kreativitätsphase: Ideen finden, sammeln, auswählen,
2. Konzept für die Innovation entwickeln,
3. Innovation bewerten,
4. Innovation umsetzen,
5. Innovation in den Markt bringen,
6. Verbesserungen entwickeln.

Da Sie als Alchimedus immer den gesamten Prozess im Auge behalten, ist es wichtig, dass Sie bei allen Beteiligten dauerhaft und in jeder Phase die Inspiration fördern. Unterstützen Sie Ihre Mitarbeiter darin, alle Produkte, Leistungen und Prozesse fortwährend mit einem Ziel vor Augen zu verändern.

Beachten Sie bei Ihrem ganzheitlichen Innovationsmanagement vor allem folgende Punkte:

Menschlichkeit

Innovationen erwachsen aus den Menschen. Eine innovationsfreundliche Unternehmenskultur ist geprägt von Vertrauen und Durchhaltevermögen, fördert und fordert Kreativität und unterbindet Mobbing. Entwickeln Sie daher von Anfang an Ihr Unternehmen, seine Kultur und Mitarbeiter in alle diese Richtungen. Investitionen in Wissen und einzelne Prozesse allein reichen nicht. Heben Sie das gesamte Unternehmen auf ein höheres Energieniveau, setzen Sie es

---

20 englischer Erzähler und Dramatiker, Nobelpreisträger, * Kingston, 14. 8. 1867; † London, 31. 1. 1933.

unter Strom. Das gelingt Ihnen nicht nur durch Techniken, sondern vor allem durch Begeisterung, Mitgefühl, Menschlichkeit und Integrität.

Werkzeuge

Ihre Mitarbeiter sollen persönlich Verantwortung übernehmen, betriebswirtschaftliche Zusammenhänge verstehen und danach streben, sich Fachwissen anzueignen. Kurbeln Sie deshalb die Lernkultur in Ihrem Unternehmen an: Veranstalten Sie Workshops, verwenden Sie Kreativitätstechniken und strukturiertes Projektmanagement. Fördern Sie Ausbildung, Fortbildung und Fachwissen vor allem dort, wo Ihre Mitarbeiter noch wenig entwickelt sind. Dieses neue Wissen wird sich später beim Finden und Durchsetzen von echten Innovationen als nützlich erweisen.

Innovationsmaßstäbe

Gary Hamel hat einen sehr wichtigen Grundsatz für Innovationen formuliert: Ein Unternehmen übertrifft niemals seine Erwartungen. Natürlich können überhöhte Ziele auch demotivieren. Aber wenn Sie nach neuen Lösungen suchen, die fünf oder sechs Prozent Rendite bringen, dann werden Sie auch nur soviel erreichen. Lernen Sie deshalb, in anderen Maßstäben zu denken. Suchen Sie nach der Revolution.

Setzen Sie sich dabei klare Ziele, und entwerfen Sie eindeutige Strategien. Vielen Unternehmen mangelt es gerade hier an Klarheit und Konzentration auf das Wesentliche.

Informationstechnologie für Innovationen

Stellen Sie Zeit und Kapital zur Verfügung, damit Ihre Innovationen sich entwickeln können. Der IT-Bereich dient Ihnen dabei als Schmieröl für Innovation und Inspiration: Schaffen Sie einen offenen Markt für Informationen, interessante Projekte und Produkte. Dort entdecken Ihre Innovationsträger fähige Mitstreiter und das nötige Kapital.

Richten Sie ein unternehmensweites IT-Informationsnetz ein, das auch über Abteilungs- und Standortgrenzen hinweg echte Innovationspartnerschaften ermöglicht.

Managementprozesse

Re-Engineering und Lean Management haben in den 1990er Jahren geholfen, zentrale Geschäftsprozesse effizienter zu gestalten. Trotzdem hat sich die Führungskultur in vielen Unternehmen kaum verändert, alte Hierarchien herrschen weiter. Sie stehen Veränderungen und Neuem feindlich gegenüber, weil sie Angst vor Machtverlust haben oder Widerwillen gegen zusätzliche Arbeit verspüren. Eine solche Atmosphäre verhindert Innovationen.

Vor der Zentrale eines großen Konzerns entdecken Mitarbeiter ein kleines Körbchen, in dem ein winziges Baby liegt. Sie wickeln das Kind und versorgen es. Die Personalabteilung schaltet ein Expertenteam ein, das die heikle Frage klären soll, ob das Kind womöglich im Hause entstanden sein könne. Nach vielen Monaten Wartezeit kommt erleichtert die Antwort: ein klares «Nein!» – «Das Baby kann nicht bei uns entstanden sein, denn in der Zentrale haben noch nie zwei eng zusammengearbeitet; außerdem tun wir hier nichts mit Lust und Liebe. Wenn trotzdem einmal etwas dabei herauskommt, hat es nie Hand und Fuß; außerdem wäre es garantiert nicht schon nach neun Monaten fertig! Ein leitender Angestellter kann es schon gar nicht gewesen sein, denn die fangen nie etwas Neues an.»[21]

Alte Seilschaften neigen dazu, bestehende Strukturen zu bewahren, und setzen am liebsten auf bekannte Denk- und Geschäftsmodelle. Innovatives oder gar Radikales ist für sie undenkbar und unaussprechbar.

---

21 Verfasser unbekannt, gefunden in www.zitate.de.

Überprüfen Sie deshalb die zentralen Führungsprozesse in Ihrem Unternehmen. Achten Sie dabei besonders auf:

- ◆ strategische Planung,
- ◆ Vergütung,
- ◆ Führungskräftetraining,
- ◆ Produktentwicklung.

Denken Sie diese Prozesse neu: Behindert Ihr Vergütungssystem die Entwicklung von Innovationen, weil es kaum Anreize bietet, Neuerungen zu entwickeln? Macht es noch Sinn, wie Ihr Unternehmen Produkte entwickelt? Wie könnten Sie Lieferanten oder Kunden in die Entwicklung Ihrer Produkte einbinden? Wie könnten einzelne Mitarbeiter ihren Erfahrungsschatz auf viele andere übertragen?

Wie erfolgreich Sie in Ihrem Unternehmen Innovationen voranbringen, entscheiden nicht Einzelprozesse, sondern die Frage, ob Ihr gesamtes Unternehmenssystem zusammenwirkt.

Sind Sie bereit?

Beantworten Sie die folgenden Fragen wahrheitsgetreu:

◆ Findet jemand mit einer innovativen Idee in Ihrem Unternehmen Gehör?

◆ Investieren Sie in Ihre Mitarbeiter, gewähren Sie ihnen Trainingsmöglichkeiten? Stellen Sie ihnen die Instrumente zur Verfügung, die sie benötigen, um Innovationen zu entwickeln?

◆ Haben Sie einen Marktplatz für Innovationen?

◆ Unterstützt ihr IT-System Innovationen?

◆ Haben Sie Ihre zentralen Führungsprozesse darauf geprüft, ob sie Innovationen zulassen?

◆ Bevorzugt Ihr Unternehmen lineare Verbesserung oder sprunghafte Verbesserung?

◆ Stellen Sie Kapital und Zeit für Innovationen zur Verfügung?

◆ Orientieren sie sich an Optimierung und Wertbewahrung oder an Innovation und Wertschöpfung?

◆ Bestehen in Ihrem Unternehmen ethische Grundregeln, die jeder kennt?

◆ Sind Sie bereit, Ideen und Vorschläge konsequent und ehrlich zu begutachten?

Bewertungsfaktoren für Innovationen

Ändere die Welt; sie braucht es.

Bertolt Brecht[22]

Sie müssen Ihre Innovationen in Erträge umsetzen können, damit sie Ihnen nützen und nicht womöglich sogar Verluste bringen. Bevor Sie innovative Projekte und Techniken umsetzen, zählt es also zu den zentralen Herausforderungen, Ihre neuen Geschäftsideen zielsicher zu bewerten.

Betrachten Sie Ihr Vorhaben aus mehreren Perspektiven: Schlüsseln Sie Felder wie Markt, Technologie, Fähigkeiten und Finanzen anhand der richtigen Kriterien auf, und verknüpfen Sie diese sinnvoll in einem gut strukturierten Bewertungssystem, damit Sie alles zielgerichtet und einheitlich beurteilen können. Als Ergebnis erhalten Sie eine Reihe von Kennzahlen, die Sie visualisieren sollten.

Wieviel eine Innovation zum Erfolg eines Unternehmens beiträgt, hängt also wesentlich davon ab, inwieweit Sie

♦ mit der Innovation am Markt Gewinne machen und das Image Ihres Unternehmens verbessern können,

♦ mit der Innovation in Ihrem Unternehmen Kosten einsparen und Synergieeffekte realisieren können,

♦ die Innovation gegen Imitationen schützen können.

Berücksichtigen Sie folgende Faktoren, wenn Sie beurteilen, ob Ihre innovativen Produkte oder Dienstleistungen marktfähig sind:

♦ Liefert Ihre Innovation einen Mehrwert? Werden Ihre Kunden mehr dafür bezahlen als bisher?

♦ Wie marktreif sind Ihre innovativen Produkte oder Dienstleistungen? – In Zeiten immer kürzerer Produktlebenszyklen kann die Geschwindigkeit, mit der Sie Ihre Innovation zur Marktreife führen und am Markt einführen, über ihren gesamten Erfolg entscheiden. Versuchen Sie, deutlich vor Ihren Wettbewerbern und Imitatoren auf den Markt zu gehen, um Ihre Entwicklungs-

---

22 Deutscher Dramatiker und Dichter, * Augsburg, 10. 2. 1898; † Berlin, 14. 8. 1956.

kosten wieder hereinzuholen, Gewinne abzuschöpfen, Ihre Marktposition zu festigen und neue Standards zu setzen.

◆ Haben Sie Ihre Urheberansprüche abgesichert? Wenn Sie Ihr geistiges Eigentums durch Patente, Copyrights oder Warenzeichen schützen, können Sie Ihre Konkurrenz davon abhalten, Ihre Innovation nachzuahmen.

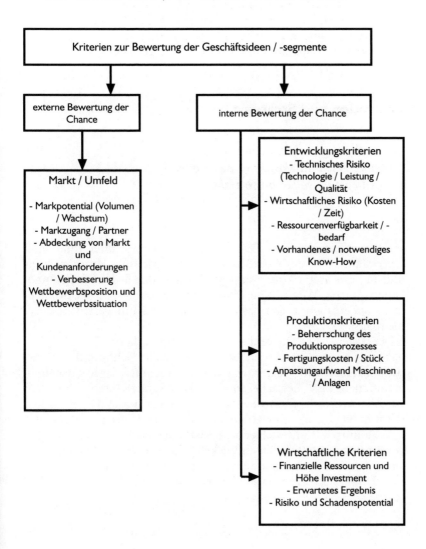

◆ Haben Sie ein ausreichendes Marketingbudget einge-
plant? Beschäftigen Sie ein erfahrenes Marketing- und
Vertriebsteam, pflegen Sie gute Kontakten zu allen Ver-
triebskanälen? Die erfolgreiche Markteinführung Ihrer
Innovation hängt auch davon ab, inwieweit Sie Ihr
neues Produkt oder Ihre neue Dienstleistung bekannt
machen. Ordnen Sie Ihre Innovation in die Strukturen
und das Leistungsprogramm Ihres Unternehmens ein.
Nutzen Sie es aus, wenn Sie auf bestehende Marke-
ting-Ressourcen zugreifen können. Regeln Sie, wie Sie
begrenzte Kapazitäten und Ressourcen verteilen.

Innovation und Strategie

Strategie ohne Innovation ist
vollkommen nutzlos, Innovation ohne
Strategie ist vollkommen ziellos.

John Kao[23]

Nehmen Sie alle diese Bewertungen vor dem Hintergrund Ihrer
Unternehmensstrategie vor. Denn die Strategie Ihres Unternehmens
und die abgeleiteten Unterstrategien bereiten den Boden für den Innovationsprozess. Wenn Sie die grundsätzliche Strategie Ihres Unternehmens ändern, wirkt sich das auf Ihr gesamtes Innovationsmanagement aus.

Der Haken dabei: Oft kennen nur die Führungskräfte die Strategien,
haben sie nicht niedergeschrieben und erst recht nicht mit den Mitarbeitern vereinbart. – Bei innovativen Unternehmen dagegen ist Innovation nicht nur Chefsache, sondern das gesamte Unternehmen lebt
sie. Alle setzen die Strategien am Arbeitsplatz um und bringen sich
selbst dafür ein, die Innovationen gemeinsam ständig zu verfeinern.

Sie können auf unterschiedliche Methoden zurückgreifen, um Ihre
Unternehmensstrategie zu entwickeln. Dazu gehören unter anderem:
ein Innovationsportfolio aufzubauen, Geschäftsfelder unter dem
Gesichtspunkt der Innovation zu analysieren und einen Innovations-

---

23 Wirtschaftswissenschaftler, Jazzpianist, * 1950.

fächer zu erstellen, in dem Sie aufzeichnen, wie Sie aus den Hauptinnovationen Folgeinnovationen ableiten. Sie können hohe Honorare an viele verschiedene Berater zahlen, die höchst anspruchsvolle Innovationsmanagementprozesse in Ihr Unternehmen einbauen.

Alles gut – aber: Diese strategischen Methoden leben alle nur, wenn Ihre Mitarbeiter sie tragen. Ein innovativer Geist im alchimedischen Sinne muss Ihr Unternehmen beherrschen. Denn Innovationen verändern die Zukunft Ihres Unternehmens und leben von einer breiten Unterstützung für Ihr Unternehmen, sowohl innen als auch außen. Wenn Sie mit der ersten Kraft Mensch und der zweiten Kraft Werkzeug arbeiten, befinden Sie sich auf dem richtigen Weg dorthin.

Welche Innovationsstrategien?

Klaus Kobjoll betrachtet es als eine seiner wesentlichen Aufgaben als verantwortungsbewusster Unternehmer, sich Zeit zum «Hirnen» zu verschaffen und zu nehmen: Zeit, in der er sich Gedanken über die künftige Strategie seines Unternehmens machen und erforderliche Änderungen oder Anpassungen der bisherigen Strategie überlegen kann.

Innovative Unternehmen orientieren sich an ihren Menschen sowie deren Stärken und Kernkompetenzen. Sie reagieren frühzeitig auf Trends am Markt und technologische Veränderungen. Sie berücksichtigen sowohl ihre externen Chancen (Markt, Kunden, Konkurrenz) als auch ihre internen Ressourcen (Kompetenzen, Fähigkeiten, Stärken). Aus diesen Faktoren entwickeln sie ihre Innovationsstrategie. Erst auf deren Basis suchen sie nach möglichen Innovationen.

| «Hirnen» Sie!

Geben Sie eine Richtung vor, wo und wie die Menschen in Ihrem Unternehmen mögliche Märkte und Technologien entdecken können. Entscheiden Sie beispielsweise, ob Sie ausschließlich auf Ihre eigenen Kräfte vertrauen oder ob Sie besonders mit Universitäten und Erfinderverbänden zusammenarbeiten oder Patentanmeldungen durchsuchen wollen.

Klären Sie in dieser Suchphase auch, welche Rolle Ihre Unternehmensstrategie spielt: Dienen Ihre Innovationen dazu, dass Sie zum Marktführer werden, Nischen besetzen oder dass der Wettbewerb sich differenziert?

Zyklisches Innovationsmanagement

Wenn Sie sich für eine Innovation entschieden haben, schließen sich als nächste Phasen ihre Entwicklung, ihre Bewertung und ihre Einführung auf dem Markt an. Prüfen Sie dabei ständig, in welchem Abschnitt des Innovationsprozesses Sie sich gerade befinden, und lassen Sie den Prozess immer wieder zyklisch beginnen – denn Innovationsmanagement findet nicht nur einmalig statt, sondern es stellt einen eigenen Prozess dar. Die Praxis zeigt jedoch oft, dass wenige Unternehmen so ein dauerhaftes, zyklisches Innovationsmanagement betreiben.

Der Markt für Kopierer, Drucker und Telefax unterliegt einer hohen Innovationsdynamik. Um sich in diesem Markt durchzusetzen, baute Canon vorausschauend zusätzlich zu seinem vorhandenen Wissen und seinen bestehenden Fähigkeiten weitere Kompetenzen auf. Es erwarb neues Know-how durch Kooperationen mit anderen Herstellern und Forschungsinstituten, durch Lizenzen und durch eigene Fokusgruppen. Mit dieser Grundlage konnte Canon die führenden Konkurrenten im Kopierer-, Drucker- und Telefaxgeschäft mit einer nicht endenden Reihe von Innovationen überrumpeln und wurde gar zum Innovationsführer in diesen Bereichen.[24]

Das Beispiel Canon zeigt, wie eine Innovationsstrategie unternehmensweit wirkt. Die Innovation beeinflusst die gesamte Aufbau- und Ablauforganisation, die Mitarbeiter setzen sie dort um.

Vermeiden Sie starre Hierarchien, machen Sie die Grenzen zwischen einzelnen Abteilungen durchlässig, und schaffen Sie damit Raum für Entfaltung und Innovationen. Die Menschen verbinden alle Abteilungen miteinander – fördern Sie deshalb die Kommunikation zwischen den Abteilungen.

---

24 Angelehnt an: Sommerlatte, T.: Strategie, Innovation, Kosteneffizienz.

Die Träger der Innovation

Strategie- und Innovationsprozesse sind keine Domäne großer Unternehmen. Diese besitzen zwar eher einen langen Atem und können sich auf immer komplexere technologische Entwicklungen, hohe Kosten für Forschung und Entwicklung sowie immer kürzere Produktlebenszyklen einstellen. Dagegen glänzen kleinere Unternehmen in ihrer speziellen Marktnische oft mit innovativen Ideen und Schachzügen, weil sie dort viel angestrengter arbeiten als ein Großunternehmen. Außerdem können sie ihre Kräfte bündeln, indem sie sich in Forschungsnetzwerken zusammenschließen, globale Informationsnetze nutzen und so ihre Ressourcennachteile ausgleichen.

Sowohl für große als auch für kleine Unternehmen gilt, dass sie schnell und aktiv agieren müssen, statt nur zu reagieren. Wenn Innovationsfragen die unteren und mittleren Ebenen betreffen, müssen der Schnelligkeit wegen auch diese selbst entscheiden dürfen. Denn wer sich den Veränderungen des Marktes zu langsam anpasst, schlittert zügig in eine Unternehmenskrise.

Unter diesen Umständen funktioniert die herkömmliche, autoritäre Unternehmenskultur nicht mehr: Dabei befiehlt die Führungsspitze aufgrund ihrer Machtposition, was im Unternehmen geschehen soll, das mittlere Management arbeitet das Vorgehen im Einzelnen aus, und alle anderen folgen den Anweisungen. Allerdings hat sich die Situation an der Basis oft schon wieder grundlegend verändert, wenn die Firmenspitze endlich ihre Entscheidungen trifft.

Solche Managementstrukturen setzen darauf zu planen, zu kontrollieren und zu reagieren. Vorgegebene Abläufe stellen sicher, dass die Mitarbeiter bekannte Probleme effizient und sorgfältig abarbeiten. Was aber passiert bei plötzlichen Veränderungen? Wie schnell kann Ihr Unternehmen dann Informationen sammeln und auswerten? Befähigen und ermächtigen Sie deshalb Ihre Mitarbeiter vor Ort, eigenständige Entscheidungen zu treffen, und fordern Sie dies auch von ihnen.

Nicht nur der Bereich Forschung und Entwicklung verantwortet in Ihrem Unternehmen die Innovationen. Um sicherzustellen, dass Ihre Innovationen auch den Bedürfnissen des Marktes entsprechen, beteiligen Sie am besten auch Ihr Marketing, die Produktion, den Vertrieb und andere entscheidende Bereiche an Ihrer Entwicklung.

Besonders wichtig ist das Controlling, wenn Sie Ihre Innovationen umsetzen: Es kontrolliert jede einzelne Phase und achtet dabei darauf, ob Sie Ihre Ressourcen effizient einsetzen. An den festgelegten Meilensteinen entscheidet das Management auch anhand der Vorlagen des Controlling, ob Sie Ihre Innovation erfolgreich umsetzen oder den Prozess abbrechen sollten.

Dabei werden Sie sehr schnell erkennen, dass Sie an einem komplexen Thema arbeiten: Während Ihr Unternehmen sich laufend weiterentwickelt, müssen sie zusätzlich die Reaktion Ihrer Konkurrenten auf Ihre Aktionen berücksichtigen. Mit Ihrer Gewinnstrategie werden Sie nur so lange Erfolge feiern, bis andere sie kopieren. Alle beeinflussen sich im Wettbewerb gegenseitig.

Führung und Management

Wo also liegt der Unterschied zwischen dem täglichen Zahlenmanagement und wahrer Führung?

Das tägliche Zahlenmanagement richtet sich auf die Gegenwart und verwaltet bestehende Abläufe bestmöglich. Das Ziel sind kurz- und mittelfristig gute Resultate. Damit verleiht das Management dem Tagesgeschäft Stabilität und einen geordneten Rahmen. Innerhalb dieses Rahmens bewegen sich die Mitarbeiter.

Wahre Führung hingegen richtet sich auf die Zukunft. Sie zeigt den Weg des Unternehmens auf und trägt dadurch zu seiner Identität bei. Sie fördert Kreativität, Innovation und Vision – kurz: Inspiration.

Ein blühendes Unternehmen braucht beides: starken Halt durch das Management und Erneuerung durch wahre Führung. Der Manager sorgt dafür, dass die vorhandenen Systeme reibungslos funktionieren. Sie als Alchimedus dagegen sorgen für Innovation und dauerhafte Veränderung. Schaffen Sie die richtige Atmosphäre, in der Innovationen überhaupt erst entstehen können.

▎Stein der Weisen

Echte Revitalisierung ist ein ganzheitlicher Prozess. Sie funktioniert nur, wenn eine Person diesen Prozess in Gang setzt – je schneller, desto besser für Ihr Unternehmen. Begeben Sie sich deshalb auf die Suche nach der Zukunft, nach dem Gold in Ihrem Unternehmen.

Sind Sie bereit für die Zukunft? Dann beginnen Sie jetzt – die Zeit läuft.

Lassen Sie sich dabei von folgender Geschichte ermutigen. Sie zeigt, welche unglaublichen Fähigkeiten im Menschen stecken, und fasst zusammen, wie sehr Inspiration, Wissen, Wille und ein geschulter Geist den Nährboden für außerordentliche Strategien bilden, die sich durchsetzen:

Deep Fritz war im November 2003 der leistungsfähigste Schachcomputer aller Zeiten. Er errechnete Millionen möglicher Züge mit all ihren möglichen Folgezügen bis zu 18 Halbzüge in die Zukunft. Bei dieser Denktiefe kann kein Mensch mithalten. Dennoch wagte der Schachweltmeister Gari Kasparow ein Duell mit diesem «unschlagbaren» Programm.

Und in der dritten Partie führte er tatsächlich eindrucksvoll vor, dass auch die Denktiefe dieses Computerprogramms nicht reicht, wenn ein Mensch sich langfristig etwas vornimmt: Er konfrontierte Deep Fritz mit einer langsam aufgebauten Schlachtreihe von Bauern, die dieser zunächst weder als Keim eines Angriffes noch als Gefahr erkannt hatte. Schließlich jedoch schränkten sie seine Bewegungsfähigkeit auf dem Feld empfindlich ein.

Kasparow konnte zwar nicht im Kopf Hunderttausende möglicher Züge errechnen. Aber hinter seinen Zügen standen Wissen, Intuition und Gefühl für das Spiel, die jenseits des 18-Halbzug-Denkhorizonts des Rechners lagen. Und so gelang Kasparow ein kleiner Durchmarsch, dem Fritz mit Verlegenheitszügen nichts entgegnen konnte. Mehr reaktiv als aktiv suchte der Rechner stochernd nach einer eigenen Strategie. Zweifellos errechnete er fehlerfrei die nächsten 18 möglichen Züge und klopfte sie darauf ab, wie vorteilhaft sie wären. Aber ihm fehlte der Durchblick, er durchschaute Kasparows langfristige Absicht nicht. Deshalb hielt er seine eigene Lage lange für besser, als sie in Wirklichkeit war.

Kasparow erwischte damit den Entwickler von Deep Fritz kalt: «Da stimmt was nicht im Programm, da müssen wir was ändern». – Aber dafür war es zu spät. In der letzten Phase der Partie erkannte Fritz zwar, wie ihn Kasparow bedrängte. Trotzdem hatte sich das Programm bereits völlig verrannt, als der Gegner gerade einmal drei Figuren geschlagen hatte. Mit Kasparows 45. Zug warf deshalb das Team Fritz das Handtuch – und Kasparow gewann.[25]

---

25   Nach Spiegel-Netzwelt. Das gesamte Turnier ging Remis aus.

Zusammenfassung

Ein Unternehmen ohne Inspiration ist wie ein Auto ohne Motor. Die Inspiration verleiht Unternehmen die nötige Kraft, um Krisen zu überwinden und sich so zu erneuern, dass sie sich durch ständige Innovationen weiter entwickeln und erstarken können. Übernehmen Sie dabei als Alchimedus die Führung, prüfen Sie das ganze Unternehmen auf überholte Abläufe, Produkte und Strukturen. Verlassen Sie alte, ausgetretene Pfade. Fördern Sie einen Geist der Innovation im wirtschaftlichen und sozialen Sinne. Schaffen Sie im Rahmen Ihrer Innovationen nicht nur neue Produkte und Dienstleistungen, sondern entwickeln Sie auch das Management und die Unternehmenskultur weiter.

Dazu benötigen auch Ihre Führungskräfte und Mitarbeiter Kreativität. Diese können Sie nicht sofort einfordern, sondern sie benötigt als Nährboden eine Kultur der Innovation, die das Lernen fördert und es ermöglicht, alle Produkte, Leistungen und Prozesse laufend zu verändern und verbessern.

Fordern Sie als Alchimedus gleichzeitig auch die nötige Disziplin von Ihren Mitarbeitern ein und führen Sie Innovationsansätze mit klarer Strategie tatsächlich aus. Dann erhalten Sie ein mündiges und motiviertes Team. Nur wenn Sie es schaffen, Ihre Mitarbeiter lebendig einzubeziehen, können Sie in Zeiten dauernder Veränderung bestehen und gleichzeitig die Identität und Kultur Ihres Unternehmens weiter entwickeln. Dann wird es solide Wachstumsraten aufweisen, Umsätze und Gewinne realisieren und langfristig stabil überleben.

Fragen zur Kraft «Die Inspiration»

1. Nutzen Sie bewusst Methoden und Techniken (Bilder, Sprache, Events etc.), um Ihre Vision erlebbar zu transportieren?

2. Wie stark fühlen sich Ihre Mitarbeiter und Manager von Ihrer Unternehmensvision angesprochen?

3. Wie stark inspirieren Sie selbst Ihre Mitarbeiter und Manager?

4. In welchem Maß verfügen Sie über inspirierende Mitarbeiter und Manager in Ihrem Unternehmen?

5. Wie viel Raum besteht in Ihrem Unternehmen, um Ideen und Visionen auszudrücken?

6. Wird in Ihrem Unternehmen „out of the Box" gedacht?

7. Haben Sie unter Ihren Mitarbeitern und Managern eine gesunde Mischung aus Visionären und Pragmatikern?

8. Schöpfen Sie die Quellen (Mitarbeitern, Kunden und Partnern) für Innovationen aus?

9. Wie stark werden in Ihrem Unternehmen Innovationen gefördert?

10. Können Ihre Mitarbeiter Ideen und Fragen frei äußern, ohne dafür bewertet zu werden?

11. Wie innovativ sind Ihre Produkte/Dienstleistungen?

12. Wie innovativ ist Ihr Management-Team?

13. Wie viel ehrliches Feed-Back erhalten Sie von Ihren Kunden?

14. Wie viel ehrliches Feed-Back erhalten Sie von anderen Quellen, wie zum Beispiel Partnern, Lieferanten oder Mitarbeitern?

15. Nutzen Sie dieses Feed-Back, um neue Ideen zu entwickeln?

16. Werden Ihre Mitarbeiter ermutigt, Innovationen anzustoßen? [Nachfrage im persönlichen Interview: Wie werden sie ermutigt? Wenn wenig: warum?]

17. Besteht für Ihre Mitarbeiter ein finanzieller Anreiz, Innovationen vorzuschlagen bzw. umzusetzen?

18. Wird ausreichend Kapital für Innovationen zur Verfügung gestellt?

19. Wie groß ist die Bereitschaft von Managern und Mitarbeitern, Ideen und Vorschläge konsequent und ehrlich zu begutachten?

20. Sind Ihrem Management-Team und Mitarbeitern die Vorteile von Innovationen (z.B. Kreativität, Image, Einzigartigkeit, Kostenvorteil) bewusst?

Die alchimedische Unternehmenskultur

Worte wie «Unternehmenskultur», «Organisationskultur» und «Managementkultur» sind heute in aller Munde. In verschiedenen Formen wie z.b. „schönen Beraterschriften" werden sie oftmals von oben quasi per LEX MANAGEMENT der Organisation übergestülpt, ohne Verbindung zu den Menschen und dem Bauch und der eigentlichen Mitte im Unternehmen. Ein wunderschöner Managementtrend jagt den nächsten, Grundausrichtungen werden in kurzer Abfolge geändert oder stehen als Teil der verordneten Öffentlichkeitsarbeit an den schwarzen Brettern neben der Kantine und unter den Feuerlöschhinweisen, dort wo sie keinen interessieren und niemandem weh tun können. Viele Mitarbeiter haben so schon eine ganze Reihe von „Kulturen" kommen und gehen sehen.

Wie sieht es bei Ihnen aus ?

◆ Hat ihre Unternehmung eine gemeinsame Basis, ein gemeinsames WIR-Gefühl und gemeinsame Werte entwickelt ?

◆ Fühlen sich Mitarbeiter mit der Geschäftsleitung verbunden im „täglichen Daseinskampf"?

Als alchimedische Grundlage der Unternehmenskultur gilt nun im Gegensatz zur oben beschriebenen Un-Kultur das, was schon im ersten Kapitel beschrieben worden ist: Dadurch, dass jemand seine BERUFung findet und ausleben kann, findet er Erfüllung und Zufriedenheit, gleichzeitig hat dies höchstmöglichen Nutzen für die Unternehmung, die Umgebung, die Gesellschaft, kurz das Gesamtsystem. Die Menschen im Unternehmen bringen ihre Begabung und ihre Energie voll zum Wohle und der Entwicklung der Firma ein. Je mehr Menschen in der Unternehmung ihre persönliche BERFUNG und Lebensaufgabe kennen, umso größer ist der Nutzen für das Gesamtsystem „Unternehmen".

Wenn Sie die drei alchimedischen Kräfte aus dem voran gegangenen Kapiteln Mensch – Werkzeug – Inspiration verinnerlicht und für sich entdeckt haben, geben Sie Ihrem Unternehmen neue Impulse. Dann beginnt ein hoch energetischer Motor in Ihrem Unternehmen zu arbeiten. Zwischen den Kräften, zwischen den Abteilungen und den Hierachiestufen bilden sich ganz neue, bisher ungekannte Verbindungen und „Energiesynapsen", verschüttete Kanäle zwischen den Beteiligten werden wieder offen. Die Menschen entdecken gemeinsame Ziele, setzen sich dafür ein . Ein neues, besseres und erfolgreicheres Unternehmen entsteht. Die Menschen entdecken in IHREM Unternehmen ihr ZUHAUSE und ihre ZUKUNFT. Helfen Sie den Menschen in Ihrem Unternehmen ihre eigene Unternehmenskultur umzusetzen !

Die Kultur und Identität eines Unternehmens bestehen dabei aus Werten, Normen, Ritualen und Verhaltensweisen sowie der eigenen Geschichte. Die Kultur ist das Saatgut eines Unternehmens, diese Idee transportiert das Wort Kultur schon in seiner ursprünglichen Bedeutung. Es kommt von lateinisch colere, was soviel wie pflegen, bebauen im Sinne des Bauern heißt, der aussät, seine Felder bestellt und pflegt und entsprechend eine gute und gesunde Ernte einfahren kann.

Wenn Archäologen der Zukunft nach
Spuren der heutigen Kultur suchen,
wollen wir hoffen, dass von unserer
Literatur nicht nur ein Autoaufkleber
geblieben ist!

Unbekannt[26]

Die alchimedische Unternehmenskultur spricht im Leitbild, in der internen Kommunikation, der Öffentlichkeitsarbeit und den unausgesprochenen Spielregeln Ihres Unternehmens. Sie steuert das Verhalten und die Leistung Ihrer Mitarbeiter und hilft ihnen, sich mit Ihrem Unternehmen zu identifizieren und sich damit von der Umwelt abzusetzen. Begriffe wie «Unternehmensphilosophie», «Unternehmensethik», «Unternehmensidentität» und «Unternehmensleitbild» hängen eng mit der Unternehmenskultur zusammen.

Nicht nur Wirtschaftsunternehmen, sondern auch Kirchen, Behörden und Verbände diskutieren heute intensiv über die Unternehmenskultur und ihre Bedeutung. Sie wird zu einem immer wichtigeren Wettbewerbsfaktor. Je mehr sich aus der Unternehmenskultur Identität und Leistungsbereitschaft entwickeln, desto greifbarer wird der gemeinsame Erfolg.

Am wichtigsten ist es, dass die Unternehmensleitung ihre neue Unternehmenskultur vorlebt: «Kulturveränderungen sind nur dann

26 www.zitate.de

möglich, wenn sie von der Spitze vorgelebt und mitgetragen werden. Der Einfluss des Managements ist hier enorm. Für eine nachhaltige Kulturveränderung und -verbesserung geht es nur mit und nie ohne die Unternehmensspitze»[27]. Dies können Sie beeinflussen, aber der gesamte Prozess wird lange dauern und viel Arbeit und Mühe erfordern, weil Ihre Mitarbeiter die neue Kultur erlernen und sich darin einleben müssen.

Sie haben Ihre Unternehmenskultur erst dann erfolgreich verändert, wenn sie zum selbstverständlichen Bestandteil Ihres betrieblichen Alltags geworden ist.

Jedes Unternehmen bildet seine
eigene, historisch gewachsene Kultur
heraus.

Dr. Rolf Messerschmidt[28]

Achten Sie darauf, dass Ihr Unternehmen sich an Zielen ausrichtet und diese Ziele verinnerlicht. Jeder Mensch in Ihrem Unternehmen muss wissen, welche Ziele er erreichen soll. Ihr Unternehmen muss leben – und Sie hauchen ihm dieses Leben ein.

Ihre Mitarbeiter müssen die Ziele Ihres Unternehmens mit tragen. Das erfordert, dass die Ziele Ihrer Mitarbeiter mit den Zielen Ihres Unternehmens zusammenpassen: Wenn Ihre unternehmerischen Ziele den Zielen Ihrer Mitarbeiter – etwa gutes Einkommen, Prestige, Fortbildung, ansprechende Tätigkeit – nicht im Weg stehen, können Sie außergewöhnlich positive Ergebnisse und Entwicklungen erreichen.

Fördern, entwickeln und fordern Sie deshalb das unternehmerische Talent und den Erfindungsreichtum Ihrer Mitarbeiter. Die alchimedische Unternehmenskultur ist eine ganzheitliche Auffassung vom Wirtschaften und vom menschlichem Miteinander. Jedem Beteiligten steht das Recht zu, seinen persönlichen Energiehaushalt und seine Fähigkeiten auszubauen. Er bringt sich für einen bestimmten Lebensabschnitt voll in das Unternehmen ein und hat durch seine persönliche Entwicklung und seine Einkünfte Teil an seinem Erfolg. Umgekehrt

---

27 Raimond Gatter.

28 Deutscher Historiker, zitiert nach Vahs/Burmester (2002), S. 345.

verhilft auch er Ihrem Unternehmen zu einem höheren Energiehaushalt.

Die alchimedische Unternehmenskultur verpflichtet jeden zu mehr Verantwortung, zur Selbstverwirklichung und zu mehr Leistungs- und Erfolgsstreben im Rahmen der Unternehmensziele. Dabei darf er sich auch Fehler erlauben, denn sie sind die Quelle der Erkenntnis und des Lernens.

Ein Blinder irrt orientierungslos durch den Wald. Plötzlich stolpert er über etwas am Boden und fällt hin. Als er auf dem Waldboden herumtastet, entdeckt er, dass er über einen Mann gefallen ist, der dort kauerte. Dieser Mann ist ein Lahmer, er kann nicht laufen.

Die beiden beginnen ein Gespräch und klagen sich gegenseitig ihr Schicksal: «Seit ich denken kann, irre ich durch diesen Wald und finde nicht heraus, weil ich nicht sehen kann.», ruft der Blinde aus. Der Lahme sagt: «Seit ich denken kann, liege ich auf dem Boden und komme nicht aus dem Wald heraus, weil ich nicht aufstehen kann.» – Und während sie sich unterhalten, ruft der Lahme plötzlich aus: «Ich habe eine Idee. Nimm mich auf den Rücken, und ich werde dir sagen, in welche Richtung du gehen musst. Zusammen können wir aus dem Wald herausfinden.»

In dieser Geschichte verkörpert der Blinde die Rationalität, der Lahme die Intuition. Wer es lernt, beide miteinander zu vereinen, der wird aus dem Wald herausfinden.[29]

Die Unternehmenskultur ist der unsichtbare, aber sehr wirksame Geist, die Seele jedes Unternehmens. Entwickeln Sie als Alchimedus in Ihrem Unternehmen eine positive und offene Kultur, die nach innen das Denken und Handeln Ihrer Mitarbeiter prägt und nach außen die Wahrnehmung Ihres Unternehmens bei den Marktteilnehmern bestimmt.

Damit Ihnen dies gelingt, sollten Sie konsequent Legenden und Mythen, Symbole und Rituale suchen, aufbauen und pflegen.

———

29   Nach Senge, Peter M.: Die fünfte Disziplin.

Symbole

Schaffen Sie sichtbare Symbole, die zu Ihrer Vision passen: Denn es nützt nichts, Wasser zu predigen, wenn Sie Wein trinken.

Wie kleiden sich Ihre Mitarbeiter im Unternehmen, welche Statussymbole benutzen Ihre Führungskräfte, wie verhält sich das Management? Wie sieht Ihr Firmengebäude, wie Ihr Besprechungsraum aus? – All das wirkt sich auf den Geist in Ihrem Unternehmen aus.

Legenden, Mythen und Helden

Gerade Legenden und Mythen eignen sich bestens dazu, Ihre Botschaft zu vermitteln. Verdeutlichen Sie die Symbole Ihres Unternehmens mit Hilfe geeigneter Legenden. Wenn Sie etwa seinen Gründer rühmen, können Sie dadurch entscheidend dazu beitragen, dass Ihr Unternehmen eine gemeinsam verinnerlichte Kultur erhält. Auch ein Mitarbeiter, der sich bis dahin noch nie hervorgetan hat, dann aber eine umwälzende Innovation entdeckt und verwirklicht, kann Innovationsgeist und die alchimedische Kultur vermitteln.

Rituale

In Ritualen inszenieren Sie bedeutende Werte und Vorstellungen wie im Theater. Wiederholen Sie Ihre Rituale immer wieder, damit sich Ihre Mitarbeiter daran gewöhnen und sich danach ausrichten. Sie können beispielsweise jedes Jahr die besten Verkäufer auszeichnen oder regelmäßig Ihrer Belegschaft das Monatsergebnis vorstellen.

Unbewusste Ebene

Schließlich beinhaltet die Unternehmenskultur auch eine nicht direkt einsehbare Ebene, die unternehmenseigenen Grundannahmen. Jedes Unternehmen betont sie unterschiedlich, aber die Mitarbeiter des Unternehmens nehmen sie meist vorbehaltlos an. Dazu gehören Fragen wie: Wie sieht Ihr Unternehmen die Umwelt und den Menschen? Wie beurteilen Sie menschliches Handeln und Ihre Kunden? Was betrachten Sie als Wahrheit, was als gut und was als schlecht?

Innerbetriebliche Grundannahmen nehmen Ihre Mitarbeiter oft nur unbewusst wahr oder erst dann, wenn ein Beteiligter sie überschreitet. Dennoch wirkt auch diese unbewusste Ebene sinnstiftend, motivierend und integrierend und ist unabdingbar für den Unternehmenserfolg.

Unternehmenskultur ist wandelbar

Als Alchimedus können Sie die Kultur Ihres Unternehmens wandeln. So wie Sie sich selbst mit der ersten Kraft «Mensch» gewandelt haben, können Sie auch gemeinschaftliche Werte sowie Vorstellungen jedes Einzelnen durch Disziplin, Konsequenz und Arbeit verändern.

Neun Prinzipien der alchimedischen Unternehmenskultur

Kreativität und Offenheit können Sie nicht einfach per Knopfdruck von Ihren Führungskräften und Mitarbeitern einfordern. Erst müssen Sie alte Prinzipien Ihres Unternehmens durch neue ersetzen, damit der alchimedische Geist in Ihrem Unternehmen wirken kann.

I. Prinzip der kreativen Umwelt

Schaffen Sie in Ihrem Unternehmen ein Klima, das Kreativität fordert und sich gleichzeitig an Qualität ausrichtet, damit Ihre Mitarbeiter kreativer werden. Setzen Sie eine offene Kommunikation zwischen Führung und Mitarbeitern durch, und bestehen Sie darauf, dass Ihr Topmanagement am Innovationsprozess teilhat. Richten Sie neue Workshops ein, schaffen Sie ein anderes Ambiente für Besprechungen, und setzen Sie bei Treffen andere Methoden der Moderation ein.

Damit signalisieren Sie, dass Ihr Unternehmen Innovationen braucht. Bereiten Sie dabei Ihren Mitarbeitern Herausforderungen, damit sie ihre Leistungsfähigkeit beweisen.

2. Prinzip Konsequenz und Kontinuität

Sie kommen an eine Kreuzung und sehen die Lebenswege in verschiedene Richtungen auseinander laufen. Sie müssen sich für einen Weg entscheiden. – Wenn Sie sich entschieden haben, dann gehen Sie Ihren Weg konsequent, und denken Sie nicht nach, was geschehen wäre, wenn Sie den anderen Weg genommen hätten.

Sie haben sich für den kreativen Ansatz entschieden – bleiben Sie dabei. Drehen Sie das Rad nicht zurück.

3. Prinzip der Gleichheit

Veränderung kommt nicht naturgemäß von oben, sondern jeder kann sie durchsetzen. Schaffen Sie einen Markt für Veränderungen.

Irgendwo in Ihrem Unternehmen steckt bestimmt ein brillanter Geist, ein Unternehmer, kurz: ein Alchimedus, der lieber Ihr Unternehmen voranbringen als sich konform verhalten möchte. Solche Menschen haben ihre Innovationen zu Bestsellern gemacht – denken Sie nur an Playmobil oder die Sony Playstation.

4. Prinzip der kreativen Bildung

Ermöglichen Sie es Ihren Mitarbeitern, innovativ zu sein. Wenden Sie kreative Methoden der Weiterbildung an: Jobrotation, Springertum, Fort- und Weiterbildung sowie kreative Workshops.

5. Prinzip Konzentration und Fokus

Sobald Sie Ihre Geschäftsmission erkannt haben, bleiben Sie dabei. Lassen Sie Ihr Geschäftsfeld nicht ausfransen.

6. Prinzip der Toleranz

Erlauben Sie Abweichungen von der Tradition und dem Status Quo in Ihrem Unternehmen. Gestatten Sie Erfahrungen außerhalb Ihrer bisherigen Firmendogmen.

7. Prinzip der Kommunikation

Am Anfang Ihrer kreativen Innovationsprozesse müssen Sie Ihre Mitarbeiter aufklären und sie ausreichend mit Informationen versorgen – auch wenn sie den Nutzen nicht unmittelbar erkennen können.
Viele Mitarbeiter haben sich noch nie an kreativen Prozessen beteiligt. Erklären Sie ihnen, was Sie damit für alle erreichen wollen. Persönliche Gespräche und Gruppengespräche fördern das Klima in Ihrem Unternehmen, bestärken die Mitarbeiter und signalisieren ihnen Verständnis für vermeintliche Fehlschläge. Fördern und fordern Sie Kommunikation und lassen Sie Ihr Unternehmen in dieser Situation nicht alleine – übernehmen Sie die Moderation.

Machen Sie Ihre neuen Regeln bekannt, und verdeutlichen Sie, wie Sie damit die bisherigen Strukturen durchlässiger für innovative Ideen machen wollen.

8. Prinzip der Ökonomie

Achten Sie dabei trotzdem ständig auf die Ökonomie, gehen Sie also effizient und sinnvoll mit Ihren Ressourcen um. Beteiligen Sie Ihre leitenden Mitarbeiter, wenn Sie Ziele für Ihre kreativen Strategien festlegen.

9. Prinzip der Belohnung

Entscheidend für besonders innovative Leistungen ist die Belohnung. Wenn auch die meisten Leistungsträger Ihres Unternehmens nicht in erster Linie an Geld denken, sondern hauptsächlich danach streben, dass Sie Ihre Leistung anerkennen, sollten Sie sie trotzdem auf jeden Fall für ihr Werk belohnen.

Die genannten Prinzipien geben als Rahmenbedingungen Raum für das Entstehen der neuen Unternehmenskultur. Sie sind unabdingbare Voraussetzung für einen freieren Umgang miteinander und für mehr Erfolg.

Die wirkliche Identifikation der Mitarbeiter mit Ihrem Unternehmen ist die wohl letzte und damit entscheidende Chance, den Standort Deutschland wettbewerbsfähig zu erhalten. Gelingen kann uns dies nur mit unternehmerisch denkenden und handelnden Menschen.

Reinhard Mohn[30]

---

30 Deutscher Buchhändler, Unternehmer, * 1921.

Ausblick in die Zukunft

W as wollen wir erreichen? Wie wir die Zukunft gestalten, dafür können wir aus der Vergangenheit lernen – auch und gerade von Gestaltern und Visionären vergangener Tage. Nehmen Sie John F. Kennedy und die Raumfahrt:

Eines Morgens fand Kennedys Vizepräsident Lyndon B. Johnson folgendes kurzes Memo auf seinem Schreibtisch:

Memo an den Vize-Präsidenten[31].
Entsprechend unseren Absprachen möchte ich Sie als Vorsitzenden des National Aeronautics and Space Council bitten, einen Gesamtüberblick über unsere Raumfahrtsituation erstellen zu lassen.
1. Haben wir eine Chance, die Sowjets zu schlagen, indem wir ein Labor im Weltraum errichten oder durch einen Flug um den Mond oder durch eine Rakete zur Landung auf dem Mond, die einen Menschen hin- u. zurückbringt? Existiert irgendein Weltraumprogramm, das tiefgreifende Resultate verspricht und mit dem wir gewinnen können?
2. Was würde es zusätzlich kosten?
3. Arbeiten wir an bestehenden Programmen 24 Stunden am Tag? Wenn nicht, warum nicht? Wenn nicht, machen Sie mir bitte Vorschläge, wie die Arbeit beschleunigt werden kann.
4. Sollten wir beim Bau großer Raketen den Schwerpunkt auf nukleare, chemische oder flüssige Treibstoffe oder eine Kombination aus allen dreien legen?
5. Werden maximale Anstrengungen unternommen? Erzielen wir die notwendigen Resultate?
Ich habe Jim Webb, Dr. Wiesner, Verteidigungsminister McNamara und andere verantwortliche Regierungsmitglieder gebeten, uneingeschränkt mit Ihnen zusammenzuarbeiten. Ich möchte gern zum frühest möglichen Zeitpunkt Ihren Bericht bekommen.
John F. Kennedy"

---

31 s. auch Zum Mond und zurück von Wolf Lotter erschienen in brand eins, Heft 06 Juli/August 2004, S.54-62

Diese Memo stellte die richtigen Fragen und war in der Raumfahrt der Beginn für ein beispielloses Erreichen von weitgesteckten Zielen. Bereits einen Monat nach Versenden des Memos, nämlich am 25. Mai 1961, handelte Kennedy: «Unsere Nation sollte sich zum Ziel setzen, noch vor Ende dieses Jahrzehnts einen Menschen zum Mond und wieder heil zur Erde zurückzubringen!» So waren die Worte seiner Rede, mit der er im amerikanischen Kongress offiziell den Startschuss für die Umsetzung der Mission „Erster Mensch auf dem Mond" gab – das bis dahin größte Raumfahrtprojekt der USA.

Acht Jahre später, am 21.Juli 1969 um 03.56 mitteleuropäischer Zeit, betrat Neil Armstrong den Mond.

Haben Sie schon Ihr ganz persönliches MEMO geschrieben oder morgens auf Ihrem Schreibtisch gefunden?

Unsere Gesellschaft benötigt frisches neues Denken und Handeln. Sie benötigt Ihren Mut und Ihre Kraft. Sie und die Menschen um Sie herum sind der einzige Schlüssel zum Erfolg. Identifikation mit den eigenen Werten und der eigenen Unternehmung sind dabei heute mehr den je von Nöten.

Unser ganzes unternehmerisches Denken muss deshalb am Menschen orientiert sein, so wie der gesamte Alchimedus-Prozeß nur von Menschen in Gang gesetzt und am Leben gehalten wird. Entlassungen, Kostenreduktionsprogramme und die schweren massiven Einschnitte in die Firmenentwicklungen sind jedenfalls kein Zeichen unternehmerischer Qualität. Wir verlieren dadurch Kauf-Kraft, Wissen, Kunden und Zukunftsfähigkeit. Eine Weile mag das gut gehen, aber nur eine Weile. Eventuell profitieren einzelne Individuen auf Zeit davon. Das Unternehmen und die Gesamtgesellschaft verlieren auf Dauer und in jedem Falle.

| Siddharta: Ein Leben im Fluss

Ihr Unternehmen ist ständig im Fluss: Es verändert sich, wächst und lebt oder schwindet und stirbt. Die Menschen in Ihrem Unternehmen verändern sich ebenfalls. Und das Alchimedus-Prinzip unterstützt diese Veränderung, es fordert sie geradezu. Sie haben keine Möglichkeit, den gegenwärtigen Zustand einzufrieren. Menschen und Unternehmen müssen und sollen sich weiterentwickeln, in Richtung auf eine höhere Stufe.

Als Alchimedus sind Sie kein abgeschlossenes Wesen, sondern ein Wesen, das wächst, sich entwickelt und an den zwischenmenschlichen Beziehungen reift, auf die es sich einlässt. Als Alchimedus sind Sie auch kein Individualist, denn Alchimedus und Gemeinschaft schließen sich nicht gegenseitig aus, sondern sind vielmehr eng aufeinander bezogen. Nur in einer Gemeinschaft werden Sie zum Alchimedus, und eine Gemeinschaft ist nur dann eine echte Gemeinschaft, wenn sie aus lebendigen, verantwortungsbewussten Personen besteht, die sich die Aufgaben und Ziele ihrer Gemeinschaft zueigen machen.

Ihre persönliche Berufung als Alchimedus «ist also die unverwechselbar einmalige Weise, wie sich eine Person auf eine Gemeinschaft hin öffnet und aufgeschlossen wird für die soziale Wirklichkeit, die soziale Verantwortung und für das gesellschaftliche Engagement».[32]

In jedem Menschen schlummert eine
unbegrenzte göttliche Kraft, die
darauf wartet, entfesselt zu werden.

Vinzenzo Pallotti[33]

Mit dem Alchimedus-Prinzip schaffen Sie eine Gemeinschaft, in der Menschen miteinander leben und wirtschaften und an der jeder teilnehmen kann, unabhängig von Stand, Bildung, Alter und Geschlecht, wenn er sich nur dem alchimedischen Gedanken verpflichtet fühlt.

Als Alchimedus schätzen Sie ganz besonders die Eigenarten und Fähigkeit Ihrer Mitmenschen, interessieren sich für jeden einzelnen und für seine geistige Entwicklung.

Begreifen Sie die Begabungen und Fähigkeiten der Menschen als göttliches Geschenk und zugleich als Auftrag. Alle haben die Aufgabe, die persönliche Berufung jedes einzelnen Menschen zu fördern und ihn zu ermutigen, zu seiner Einzigartigkeit zu stehen. Wenn vielfältige und bunte Talente dem Alchimedus-Prinzip folgen, entsteht daraus eine neue Gemeinschaft des Handelns, die mehr ist als eine reine Addition.

---

32 Alphonso, Herbert, Die persönliche Berufung, S. 78.
33 Katholischer Priester, heilig gesprochen am 20. Januar 1963, * Rom, 21. 4. 1795; † Rom, 22. 1. 1850.

Nichts ist determiniert.
Gesellschaftssysteme ändern sich.

Norbert Elias[34]

Wir haben die Aufgabe, unsere eigenen Wünsche und Hoffnungen nicht auf Kosten anderer zu erfüllen. Gehen Sie nicht nur unternehmerisch, sondern auch mitmenschlich und mit Verantwortung an wirtschaftliche Probleme heran. Denn die Wirtschaft lässt sich von der regionalen bis zur globalen Ebene mit ethischen Grundsätzen vereinbaren.

Wenn Sie sich eingehend mit dem Alchimedus-Prinzip beschäftigen, werden Sie ein anderes Bewusstsein für Unternehmensführung, für Wirtschaft und Politik entwickeln.

> Nutzen Sie diese Möglichkeiten, öffnen Sie sich für mehr als nur das Dasein und Mitschwimmen –öffnen Sie sich für neue Herausforderungen, neue Ideen und Ihre Umwelt. Veränderung fängt bei Ihnen selbst an – warten Sie nicht darauf, sondern handeln Sie.

Die folgende Geschichte verdeutlicht und versinnbildlicht das Alchimedus-Prinzip:

Ein furchtbarer Sturm kam auf. Der Orkan tobte. Das Meer wurde aufgewühlt, und meterhohe Wellen brachen sich ohrenbetäubend laut am Strand. Nachdem das Unwetter langsam nachließ, klarte der Himmel wieder auf. Am Strand lagen aber unzählige Seesterne, die die Strömung an den Strand geworfen hatte.

Ein kleiner Junge lief am Strand entlang, nahm behutsam Seestern für Seestern in die Hand und warf sie zurück ins Meer. Da kam ein Mann vorbei. Er ging zu dem Jungen und

---

34   Soziologe, Kulturphilosoph, Psychologe und Dichter, * Breslau, 22. 6. 1897; †
    Amsterdam, 1. 8. 1990.

sagte: «Du dummer Junge! Was du da machst, ist vollkommen sinnlos. Siehst du nicht, dass der ganze Strand voll von Seesternen ist¿ Die kannst du nie alle zurück ins Meer werfen! Was du da tust, ändert nicht das Geringste!»

Der Junge schaute den Mann einen Moment lang an. Dann ging er zum nächsten Seestern, hob ihn behutsam vom Boden auf und warf ihn ins Meer. Zu dem Mann sagte er: »Für ihn ändert es etwas!»[35]

---

35   Nach: Porter, Patrick: Entdecke dein Gehirn. Junfermann 1997.

Das Alchimedus-Prinzip

Mein Schlüssel für den Unternehmenserfolg!

Das Alchimedus-Prinzip ermöglicht es Ihnen, die Chancen und fördernden Kräfte in Ihrem Unternehmen zu entdecken. Erkennen Sie Ihr eigenes Potential und das Ihrer Mitarbeiter. Die Identifikation mit dem Unternehmen wächst mit den Aufgaben. Es entsteht ein stabiles Wir-Gefühl, ein frischer Unternehmensgeist und als Konsequenz –

Ihr unternehmerischer Erfolg!

Erleben Sie auf dem Alchimedus-Weg , dass die Talente, die Kraft und die marktfähigen Innovationen bereits in Ihnen und Ihren Mitarbeitern angelegt sind, Sie müssen sie nur entdecken!

Dabei begleitet Sie das bewährte Alchimedus-Prinzip!

Wenn Sie weitere Informationen wünschen oder konkrete Fragen zu Alchimedus-Training, -Coaching und -Beratung haben, wenden Sie sich bitte direkt an:

www.alchimedus.com

oder

sekretariat@alchimedus.com

Kurzer Abriss der Alchimie-Geschichte[36]

Antike

Nach Darstellung der Alchimisten selbst beginnt die Geschichte der Alchimie mit dem ägyptischen Priesterkönig Hermes. Tatsächlich geht die Alchimie wohl auf ägyptische Techniken der Metallbearbeitung und -färbung zurück, die sich als magisches Geheimwissen im Besitz einer Priesterkaste befanden. Auf diese Kenntnisse baute die griechische Alchimieliteratur auf, die sich im ersten bis dritten nachchristlichen Jahrhundert zu einer Mischung aus ägyptischer Magie, griechischer Philosophie, Gnosis, Neuplatonismus, babylonischer Astrologie, heidnischer Mythologie und christlicher Theologie entwickelte.

Überliefert sind solche Texte häufig unter den Namen göttlicher Gestalten und Heroen wie Hermes Trismegistos, Isis, Kleopatra, einer Jüdin Maria, die man mit der Schwester des Moses identifizierte, und unter dem Pseudonym des Magiers Apollonius von Tyana. Bereits diese übertragen die Vorstellung, bei der alchimistischen Umwandlung sterbe das unedle Metall ab, um als Gold neu geboren zu werden, auf einen Reinigungs- und Erlösungsprozess der menschlichen Seele. So entstand eine mystische «innere Alchimie», wie sie später auch im Islam und im Christentum auftaucht.

Die Vorstellung, unedle Metalle könnten sich in Gold verwandeln, fand ihre philosophische Grundlage in der Lehre des Aristoteles, jeder Stoff bestehe aus den vier Elementen Feuer, Wasser, Erde und Luft. Man müsse nur das Mischungsverhältnis der Metalle oder ihrer Grundstoffe beeinflussen, um die gewünschte Materie herzustellen. Dabei gelang es immerhin, das Ausgangsmetall goldähnlich zu färben. Schon dies erschien als Teilerfolg, denn seine Farbe galt als wesentliche Eigenschaft des Goldes.

Antike Alchimisten vermuteten, dass Metalle ähnlich entstanden, wie Organismen in der Natur wuchsen. Deshalb glaubten sie, die unedlen Metalle hätten nicht den gesamten Reifungsprozess durch-

---

36 Diese Übersicht basiert auf Lust, Karsten: Alchimistische Forschungen am hessischen Landgrafenhof, in: Erdengötter. Fürst und Hofstaat in der Frühen Neuzeit im Spiegel von Marburger Bibliotheks- und Archivbeständen. Ein Katalog. (Schriften der UB Marburg, Bd. 77.). Marburg 1997, S. 294–319.

laufen oder seien durch den Einfluss bestimmter Gestirne unvollkommen geblieben: Blei entstehe etwa, wenn Saturn übermäßigen Einfluss ausübe. Mit Hilfe der Alchimie wollten sie diesen Reifungsprozess fortführen und beschleunigen, indem sie die Natur nachahmten.

Mittelalter

Die Tradition der griechischen Alchimie endete zwischen dem achten und zehnten Jahrhundert. Etwa zu dieser Zeit begannen erste alchimistische Forschungen im arabischen Kulturraum. Jabir ibn Hayan entwickelte auf der Grundlage hellenistischer Alchimie eine Lehre, die bis ins 17. Jahrhundert hinein galt: Er nahm an, dass den bekannten vier Elementen die vier Qualitäten Hitze, Kälte, Trockenheit und Feuchtigkeit zugrunde liegen, die sich mit der Materie als eigenschaftslosem Substrat verbinden. Bei der Entstehung der Metalle wichtig waren demnach Quecksilber (kalt und feucht) und Schwefel (heiß und trocken). Diese Stoffe würden sich zum Metall vereinigen, allerdings seien sie eher als Prinzipien aufzufassen, denen die zur Verfügung stehenden Materialien nur näherungsweise entsprächen. Um sie tatsächlich zu Gold zu verbinden, müssten das Quecksilber und der Schwefel zunächst gereinigt werden. Erst dann sei in einem exakten Mischungsverhältnis das richtige Gleichgewicht von Hitze und Feuchtigkeit erreichbar.

Spätere arabische und lateinische Alchimisten entwickelten diese Vorstellungen in vielen Schriften weiter, denen Jabir ibn Hayan seinen Namen lieh. Als besonders klar und systematisch ist dabei die «Summa perfectionis magisterii» hervorzuheben, die vermutlich Ende des 13. Jahrhunderts in Spanien entstand.

Über Süditalien und die von den Arabern zurückeroberten Gebiete Spaniens gelangte die Alchimie im 12. und 13. Jahrhundert ins Abendland. Zunächst dienten, ähnlich wie bei der antiken griechischen Philosophie, Übertragungen aus dem Arabischen und lateinische Kommentare dazu, die alchimistische Literatur zu verbreiten. Erst im 14. Jahrhundert entwickelte sich eine eigenständige lateinischsprachige Alchimie, die aber immer noch auf arabischen Grundlagen beruhte.

Hervorzuheben ist aus dieser Zeit vor allem das «Buch über die Quintessenz» des Johannes de Rupescissa, häufig unter dem Verfassernamen Raimundus Lullus überliefert. Es beschränkt sich ganz auf den heilkundlichen Aspekt der Alchimie. De Rupescissa glaubte, jeder Stoff enthalte neben den vier bekannten eine fünfte Substanz, die «quinta essentia», die lebensverlängernd wirke. Er wollte sie aus Gold gewinnen und medizinisch einsetzen.

Frühe Neuzeit

Noch stärker betonte Paracelsus (1494–1541) die medizinische Seite der Alchimie. Für ihn spielte es keine Rolle, Gold und Silber herzustellen. Er betrachtete die Alchimie neben Astronomie, Philosophie und der Tugend des Arztes als eine Grundlage der Medizin. Schon die Natur an sich wirke wie ein Alchimist, indem sie alles hervorbringe, was die Menschen zum Leben benötigen würden, und beispielsweise Getreide und Früchte (und Metalle) reifen lasse. Allerdings müssten es erst Handwerker wie Bäcker oder Winzer, ihrerseits ebenfalls Alchimisten, für den Gebrauch durch die Menschen vollenden. Ebenso in der Medizin:

> «*Ebenso ist es auch mit der Arznei, die ist geschaffen von Gott, aber nicht bereit bis aufs Ende, sondern in der Schlacke verborgen. Jetzt ist es dem Alchimisten befohlen, die Schlacke von der Arznei zu tun.*»[37]

Paracelsus verstand die Alchimie als ein Teilgebiet der Astronomie, des Inbegriffs aller Naturkenntnis. Durch den Einfluss der Gestirne entstünden sowohl die Krankheiten als auch die Medikamente, die sie heilen könnten. Die Quintessenz jeder Pflanze und jedes Minerals, die übrig bleibe, wenn man die übrigen vier Elemente abziehe, korrespondiere jeweils mit einem bestimmten Stern. Dieser wiederum wirke auf jeweils bestimmte Körperteile des Menschen. Eine besonders große Wirkung erwartete Paracelsus davon, dass er Medikamente aus anorganischen Substanzen herstellte.

In der Frühen Neuzeit begann auch die Suche nach dem «Stein der Weisen», der nicht nur Menschen heilen, sondern auch Metalle veredeln sollte. Die Alchimisten stellten ihn sich als rotes, schweres Pulver vor, das wie ein Stein dem Feuer widersteht. Diesem Pulver schrieben sie die Fähigkeit zu, in allen Lebewesen und allen Mineralien eine ideale Harmonie herzustellen: Es bringe die Grundstoffe der Metalle ins richtige Verhältnis und heile Krankheiten, indem es das

---

37   Nach Paracelsus, Labyrinthus medicorum errantium.

236

Gleichgewicht der vier Körpersäfte herstelle, auf dessen Störung jede Krankheit beruhe.

Allerdings beschwört die gesamte alchimistische Literatur zwar wortreich die Herstellung dieses Elixiers, verschweigt aber dennoch sein Geheimnis. Häufig findet sich der biblische Leitsatz, man dürfe Perlen nicht vor die Säue werfen, und eine so mächtige Kunst müsse im Besitz weniger bleiben. Die eigentlichen Anweisungen, wie die Alchimisten den Stein der Weisen gewinnen wollten, hüllten sie daher vorzugsweise in eine poetisch-religiöse Bildsprache, die in magischen und astrologischen Andeutungen schwelgt und jedem unverständlich bleiben muss, den kein Meister mündlich unterwiesen hat.

Decknamen und gleichnishafte Erzählungen bezeichneten nicht nur Chemikalien und Geräte, sondern auch die Einzelheiten des alchimistischen Prozesses. Allegorische und symbolische Darstellungen brachten den ganzen Beziehungsreichtum und die Vieldeutigkeit alchimistischer Theorien zum Ausdruck.

Das 15. und 16. Jahrhundert brachten nicht nur den Ausbau der religiösen Metaphorik, sondern auch die Alchimie selbst erhielt eine zunehmend spirituelle Zielsetzung: Man suchte ein «philosophisches Gold», das die äußerlichen Augen nicht sehen könnten, sondern das die innerlichen Augen prüfen müssten. Die menschliche Neugier galt nun nicht mehr als verdammenswert, da sie sich auf äußere Dinge richte, die nichts zum Seelenheil beitragen würden. Vielmehr erschien sie jetzt als ein legitimes Mittel zur Gotteserkenntnis. Neben die heilige Schrift trat das «Buch» Natur als ebenbürtige Form der göttlichen Offenbarung; beide erhellten und kommentierten sich gegenseitig. Die Suche nach dem «Stein der Weisen» geriet zu einer Andachtsübung, da sie nach dem Gold in der Natur des Menschen forsche. [38]

---

38 Karsten Lust: Alchemistische Forschungen am hessischen Landgrafenhof. In: Erdengötter. Fürst und Hofstaat in der Frühen Neuzeit im Spiegel von Marburger Bibliotheks- und Archivbeständen. Ein Katalog. Marburg: Philipps-Universität Marburg 1997 (Schriften der UB Marburg, 77), S. 294-319. Außerdem: Kurzer Abriss der Alchemie-Geschichte: Antike. ... Einige Alchemie-Titel der UB Marburg: Manuskriptseite Hortulanus Rosarum, Hortulanus Rosarum. Sowie: www.staff.uni-marburg.de/~lust/alchemie.html

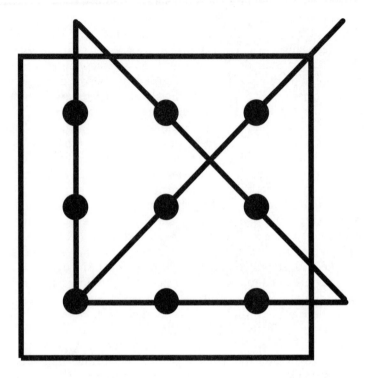

Lösung: Um die Punkte miteinander zu verbinden, müssen Sie einige der Geraden außerhalb des Vierecks führen. Viele Menschen nehmen es als gegeben an, dass sie die Geraden innerhalb des Quadrats ziehen müssen. Auch wenn sie feststellen, dass sie das Rätsel damit nicht lösen können, hinterfragen sie diese angenommene Regel nicht. Dabei ist die Lösung fast einfach, sobald Sie diese Regel außer Kraft setzen. Daran sehen Sie, wie wichtig es ist, dass Sie Problemlösungen nicht nur auf den gewohnten Bahnen suchen. Lassen Sie Ihr Denken von unkonventionellen Ideen inspirieren.

Ich sage Danke:

I ch sage Danke für alles Schlechte, das mir widerfahren ist. Ich sage Danke für alles Böse, das mir widerfahren ist. Ich sage ganz besonders Danke, dass mir alles noch zur rechten Zeit und früh im Leben passiert ist, denn nur darum bin ich aufgewacht.

Das vorliegende Buch ist eine Sammlung von Erfahrungen, die ich selbst gemacht habe. Ich baue gern neue Firmen auf, ich helfe gern, etwas besser zu machen, Firmen zu sanieren, neu auszurichten und zu restrukturieren.

Als ich zum ersten Mal vor den Scherben meines Lebens stand, war ich 34. Als ich zum ersten Mal in einer Firma stand, der es wirklich und nachhaltig schlecht ging, stand ich vor einem Berg. «Wo sollst du anpacken?», habe ich mich gefragt.

Für diese Aufgabe habe ich nach einem Ratgeber gesucht, der auf die Probleme der Revitalisierung von Menschen und Unternehmen in ganzheitlicher Form eingeht. Als ich die vorhandene Ratgeberliteratur durchsah, ist mir sehr bewusst geworden, dass sie meist nur einzelne Teile abdeckt. Ein schlüssiges, ganzheitliches Konzept mit vielen Anregungen für die tägliche Arbeit konnte ich nicht finden.

Diese Lücke will ich mit dem Alchimedus-Prinzip schließen. Ich sehe sie nicht nur im reinen Tagesgeschäft, sondern auch im immer größeren Spagat zwischen privater und öffentlicher Rolle, den der „moderne Mensch" vermeintlich leisten muss.

Norbert Elias, der bekannte Soziologe, hat darauf hingewiesen, dass sich gesellschaftliche Wertesysteme über die Generationen ändern. Wir müssen daher daran arbeiten, in unserer gesamten Gesellschaft eine neuen Ethik einzuführen, die es ermöglicht, dass sich individuelles Tun, gemeinschaftliches Handeln, wirtschaftlicher Erfolg und sozialer Rang nicht ausschließen, sondern vielmehr wechselseitig befruchten.

Vielen möchte ich danken an dieser Stelle:
Paulo Coelho hat mit dem «Alchimisten» und dem «Jakobsweg» die Belletristikvorlage geliefert, ebenso Hermann Hesse mit «Siddharta». Siddharta und der Alchimist haben mich in meinem persönlichen Lebensweg nachhaltig bestärkt und beeindruckt.

Auch der Dalai Lama hat mich zu vielem inspiriert, denn in seinen Schriften vertritt er eine neue Ethik der Menschheit, die mir viele Denkanstöße gegeben hat.

Echte Lebenseinsichten, die auch heute noch modern sind, kommen von Seneca mit seinen fast 2000 Jahre alten Schriften «Von der Kürze des Lebens» und «Anleitung zum Glücklichsein».

Die Grundstruktur des Buches basiert auf den Forschungsergebnissen von MacLean und der Umsetzung durch Schirm und Schoemen im Konzept der Persönlichkeitsentwicklung, das durch Structogram und Triogram leicht und erfolgreich im Unternehmen eingeführt werden kann.

Joseph O'Connors «Neurolinguistisches Programmieren» und «Führen – mit NLP» sowie Peter Hamels «Das revolutionäre Unternehmen» haben mich kritisch angeregt, Prof. Alexander Kaiser hat insbesondere den Teil «Der Mensch» inspiriert, und Klaus Kobjoll hat gezeigt, dass solche Ideen sich auch in Deutschland umsetzen lassen.

Ich empfehle alle diese Werke weiter, geben sie doch viele Anregungen, neu über die tägliche Arbeit nachzudenken.

In den Bereich „Das Werkzeug" sind viele Gedanken von Dieter Fechner und Michael Harz/H.-G. Hub/Eberhard Schwab eingeflossen. Fechner mit seinem Buch „Sanierung" und Harz/Hub/Schwab mit „Sanierungsmanagement" haben eine Lücke im Bereich der Sanierungsliteratur geschlossen. Fechners Werk geht in Details und praktischen Handlungsanweisungen weit über dieses Buch hinaus. Ich empfehle es sehr für Unternehmen, wenn sie sich in einer Krise befinden, die ihren Bestand gefährdet.

Für Inspirierendes zum Thema „Innovation" danke ich Herrn Prof. Dr. Pfeiffer, Gary Hamel, Prof. Vahs sowie Herrn Fleischmann, die Struktur und Sicherheit in den kreativen Prozess gebracht haben.

Und zu guter Letzt danke ich Georg von Stein, Norbert K. Milde, Evelyn E. Wild, Peter Matthies, Dieter Kugler, Ute Alpers und Miriam Wiese, die mit Bravour Konzepte erarbeitet und Ideen und Anmerkungen eingebracht haben.

Zur Umsetzung der Gedanken in die Praxis empfehle ich die Webseite www.alchimedus.com. Hier finden Sie Tipps, Coaches, Trainer und Begleiter auf Ihrem Weg zum Gold.

Kalchreuth, den 21.10.2004
Sascha Kugler

Literaturempfehlungen

Backhaus, K.: Industriegütermarketing. 5. Auflage. München 1997.

Barske, H. et al.: Das innovative Unternehmen. Produkte, Prozesse, Dienstleistungen. Wiesbaden 2000.

Bea, F. X.; Dichtl, E.; Schweitzer, M.: Allgemeine Betriebswirtschaftslehre. Band 1: Grundfragen. 6. Auflage. Stuttgart et al. 1992.

Bea, F. X.; Haas, J.: Strategisches Management. 2. Auflage. Stuttgart 1997.

Benkenstein, M.: Integriertes Innovationsmanagement – Ansatzpunkte zum «lean innovation», in: Marktforschung und Management 1 (1993), S. 21–25.

Berth, R.: Der große Innovationstest. Bd. 1. Düsseldorf et al. 1997.

Berthel, F.: Ziele, in: Corsten, H. (Hrsg.): Lexikon der Betriebswirtschaftslehre. 3. Auflage. München 1995. S. 1072–1078.

Beyer, H.; Fehr, U.; Nutzinger, H. G.: Unternehmenskultur und innerbetriebliche Kooperation. Wiesbaden 1995.

Bierfelder, W. H.: Innovationsmanagement. Prozessorientierte Einführung. 3. Auflage. München et al. 1994.

Biermann, T.; Dehr, G. (Hrsg.): Innovation mit System. Berlin et al. 1997.

Bleicher, K.: Organisation. 2. Auflage. Wiesbaden 1991.

Bleicher, K.: Das Konzept Integriertes Management. 4. Auflage. Frankfurt, New York 1996.

Boutellier, R.; Völker, R.: Erfolg durch innovative Produkte – Bausteine des Innovationsmanagements. München et al. 1997.

Brockhoff, K.: Forschung und Entwicklung. 4. Auflage. München et al. 1994.

Bromann, R.; Piwinger, M.: Gestaltung der Unternehmenskultur. Stuttgart 1992.

Bürgel, H. D.: Controlling von Forschung und Entwicklung. Stuttgart 1989.

Bullinger, H. -J.: Einführung in das Technologiemanagement. Stuttgart 1994.

Coehlo, Paulo: Der Alchimist. Zürich 1996.

Ehrmann, H.: Marketing-Controlling. 2. Auflage. Ludwigshafen 1995.

Fechner, Peter: Praxis der Unternehmenssanierung. Neuwied 1998.

Frese, E.: Unternehmensführung. Landsberg am Lech 1987.

Frese, E.: Grundlagen der Organisation. 5. Auflage. Wiesbaden 1999.

Frey, D.; Kleinmann, M.; Barth, S.: Intrapreneuring und Führung, in: Kieser, A. et al. (Hrsg.): Handwörterbuch der Führung. 2. Auflage. Stuttgart 1995. Sp. 1272–1284.

Friedrich, R.: Der Centeransatz zur Führung und Steuerung dezentraler Einheiten, in: Bullinger, H.-J.; Warnecke, H.-J. (Hrsg.): Neue Organisationsformen im Unternehmen. Berlin et al. 1996. S. 984–1014.

Galuska, J,: Pioniere für einen neuen Geist in Beruf und Business. 1. Auflage 2004,

Geiselhart, H.: Wie Unternehmen sich selbst erneuern. Wiesbaden 1995.

Gerpott, T. J.: Organisation der Forschung und Entwicklung (F + E) industrieller Unternehmen, in: Franz, O. (Hrsg.): RKW-Handbuch Führungstechnik und Organisation. Berlin 1995. S. 464–489.

Gerpott, T. F.: Strategisches Technologie- und Innovationsmanagement. Stuttgart 1999.

Gerybadze, A.: Kritische Thesen zu integrierten Technologie- und Marktstrategien, in: Thexis 1 (1993), S. 40–45.

Gilchrist, C.: So werde ich ein Alchimist. Feb. 2004.

Godwin, M.: Der heilige Gral. München 1994.

Goldratt, E.; Cox, J.: Das Ziel. Maidenhead 1990.

Häfelfinger, K.: Intrapreneurship: Innovationskraft steigern, in: io management 12 (1990), S. 31–34.

Hahn, D.: US-amerikanische Konzepte strategischer Unternehmensführung, in: v. Hahn, D.; Taylor, B. (Hrsg.): Strategische Unternehmensführung. 7. Auflage. Heidelberg 1997. S. 144–164.

Hermann, A.: www.marketing-munich.de.

HH Dalai Lama; Cutler H. C.: Die Regeln des Glücks. 2001.

HH Dalai Lama: Ohne Anfang ohne Ende. München 2002.

Hamel, G.: Das revolutionäre Unternehmen. Wer Regeln bricht gewinnt. München 2000.

Hammer, M.: Business Back To Basics. 2002.

Harz, M.; Hub, H.-G.; Schlarb, E.: Sanierungsmanagement. 1999.

Heucher, I.; Kubr, M.: Planen, gründen, wachsen. Zürich 1999.

Hill, N.: Gesetze des Erfolgs. Bonn 1990.

Hüthmair, J.: Vorbeugende Unternehmenssanierung. Die Kunst, den Finanzinfarkt abzuwenden. Wien 1995.

Hamel, G.; Prahalad, C. K.: Wettlauf um die Zukunft. Wien 1995.

Hauschildt, J.: Innovationsmanagement. 2. Auflage. München 1997.

Heinen, E.: Unternehmenskultur. Perspektiven für Wissenschaft und Praxis. München, Wien 1987.

Henzler, H. A.: Vision und Führung, in: v. Hahn, D.; Taylor, B. (Hrsg.): Strategische Unternehmensführung. 7. Auflage. Heidelberg 1997. S. 289–302.

Heyde, W.; Laudel, G.; Pleschak, F. et al.: Innovationen in Industrieunternehmen. Wiesbaden 1991.

Higgins, F. M.; Wiese, G. G.: Innovationsmanagement – Kreativitätstechniken für den unternehmerischen Erfolg. Berlin et al. 1996.

Imai, M.: Kaizen. Der Schlüssel zum Erfolg der Japaner im Wettbewerb. 12. Auflage. München 1994.

Jakobi, H.-E.: Neuorientierung indirekter Funktionen, in: Bullinger, H.-J.; Warnecke (Hrsg.): Neue Organisationsformen im Unternehmen. Berlin et al. 1996. S. 499–516.

Kosiol, E.: Organisation der Unternehmung. 2. Auflage. Wiesbaden 1976.

Mann, R.: Der ganzheitliche Mensch. Berlin 2003.

Mann, R.: Das ganzheitliche Unternehmen. 6. Auflage. Stuttgart 1995.

Meffert, H.: Marketing. 8. Auflage. Wiesbaden 1998.

Murphy, J.: Die Macht Ihres Unterbewusstseins. 1999.

Naisbitt, J.: Megatrends – Ten New Directions Transforming Our Lives. 2. Auflage. New York 1984.

Peters, T. J.; Waterman, R. H.: Auf der Suche nach Spitzenleistungen. 10. Auflage. Landsberg/Lech 1984.

Peters, T.: Der Innovationskreis. München 2002.

Pfeiffer, W.; Amler, R.; Schäffner, G. J. et al.: Technologie-Portfolio-Methode des strategischen Innovationsmanagements, in: zfo 5–6 (1983), S. 252–261.

Pfeiffer, W.; Dögl, R.: Das Technologie-Portfolio-Konzept, in: Hahn, D.; Taylor, B. (Hrsg.): Strategische Unternehmensführung. 7. Auflage. Heidelberg 1997. S. 407–435.

Pinchot, G.: Intrapreneuring. Wiesbaden 1988.

Pleschak, F.; Sabisch, H.; Wupperfeld, U.: Innovationsorientierte kleine Unternehmen. Wiesbaden 1994.

Pleschak, E.; Sabisch, H.: Innovationsmanagement. Stuttgart 1996.

Porter, M. E.: Wettbewerbsvorteile (Competitive Advantage). 4. Auflage. Frankfurt et al. 1996.

O'Connor, J. ; Seymor J.: Neurolinguistisches Programmieren: Gelungene Kommunikation und persönliche Entfaltung. Kirchzarten bei Freiburg 2001.

O'Connor, J.: Führen – mit NLP: Pfad-Finder im innovativen Unternehmen. Kirchzarten bei Freiburg 1999.

Ridderstrale, J.; Nordström K. A.: Funky Business Financial Times Prentice Hall. München 2000.

Ruppen, D. A.: Corporate Governance bei Venture-Capital-finanzierten Unternehmen. Diss. St. Gallen 2001.

Schaffen einer innovativen Unternehmenskultur, in: Little, A. D. (Hrsg.): Management der Geschäfte vor Morgen. 2. Auflage. Wiesbaden 1987. S. 57–74.

Schirm, Rolf W.: Schlüssel zur Selbstkenntnis – Die Biostruktur-Analyse 1. Luzern/Schweiz 2004, 28. Auflage

Schirm, Rolf W. und Schoemen, Juergen: Evolution der Persönlichkeit – Die Grundlagen der Biostruktur-Analyse. Luzern/Schweiz 2005, 11. Auflage

Schumpeter, F. A.: Theorie der wirtschaftlichen Entwicklung. 7. Auflage. Berlin 1987. Staehle, W. H.: Management. 7. Auflage. München 1994.

Staudt, E.: Innovation, in: DBW (1985), S. 486–487.

Thom, N.: Grundlagen des betrieblichen Innovationsmanagements. 2. Auflage. Königstein/Ts. 1980.

Vahs, D.: Alles ist im Fluss – Organisationales Lernen hilft bei der Bewältigung struktureller Veränderungen, in: io management 4 (1997a), S. 74–71.

Vahs, D.: Organisationskultur und Unternehmenswandel – Wirkungen einer «starken» Organisationskultur in betrieblichen Veränderungsprozessen, in: Personal – Zeitschrift für Human Ressource Management 9 (1997b), S. 466–469.

Vahs, D.; Schäfer-Kunz, J.: Einführung in die Betriebswirtschaftslehre. Lehrbuch mit Beispielen und Kontrollfragen. Stuttgart 2000.

Vahs, D.: Organisation. Einführung in die Organisationstheorie und -praxis. 3. Auflage. Stuttgart 2001.

Vidal, M.: Strategische Pioniervorteile, in: ZfB-Ergänzungsheft 1 (1995), S. 43–58.

Waterman, R.: Die neue Suche nach Spitzenleistungen – Erfolgsunternehmen im 21. Jahrhundert. Düsseldorf et al. 1994.

Wacker, W.; Taylor, J.; Means, H.: Futopia: ... oder das Globalisierungsparadies. Die Welt in 500 Tagen, Wochen, Monaten, Jahren. Wien 1997.

Witt, F.: Produktinnovation. München 1996.

Wöhe, G.: Einführung in die Allgemeine Betriebswirtschaftslehre. 18. Auflage. München 1993.

Weitere Titel aus dem Orell Füssli Verlag

Bernhard Bauhofer

Reputation Management

Glaubwürdigkeit im Wettbewerb des 21. Jahrhunderts

Seit der beispiellosen Vertrauenskrise des globalen Wirtschafts- und Finanzsystems ist Umdenken angesagt: Die Glaubwürdigkeit vieler Unternehmen und CEOs ist angeschlagen.

Aber Reputation ist nicht kurzfristig «käuflich»; nachhaltig kann sie nur durch vielfältige Leistungen verdient werden. Dabei stehen CEOs vor der anspruchsvollen Aufgabe, mit den wichtigsten Stakeholdern und Meinungsführern eine persönliche Beziehung aufzubauen, diese zu pflegen und die Beziehungen mit relevanten Leistungen zu festigen.

Bernhard Bauhofer skizziert die wichtigsten Aufgaben, die sich der Unternehmensleitung in diesem Zusammenhang stellen, und zeigt erfolgreiches Reputation Management an konkreten Beispielen.

192 Seiten, gebunden, ISBN 3-280-05090-1

orell füssli

Klaus Kobjoll / Ulrich Scheiper / Markus Wiesmann

MAX

Das revolutionäre Motivationskonzept

MAX – wer oder was ist denn das schon wieder? MAX ist das Kernelement eines völlig neuartigen Mitarbeitermotivationskonzeptes von Klaus Kobjoll. Und das Schönste: Er hat es selbst erfolgreich ausprobiert!

MAX ist das Akronym für «Mitarbeiter-Aktien-Index». Jede Mitarbeiterin, jeder Mitarbeiter erhält mit dem ersten Arbeitstag 1000 Pixel, also 1000 Punkte. Alle werden monatlich einmal nach einprägsamen Kriterien beurteilt und erhalten auf dieser Basis entweder weitere Punkte oder auch Abzüge. Das Konzept fördert Teamfähigkeit und Motivation.

Es hilft Team und Mitarbeitern, einen klaren Blick auf den gemeinsamen und den einzelnen Leistungsstand zu werfen. Darüber hinaus zeigt es Wege zu einer guten Betriebsatmosphäre und zu gemeinsamer Leistungsmotivation.

Wie immer bei Klaus Kobjoll ist auch dieses neue Konzept keine verquere Beratermarotte, sondern im eigenen Unternehmen erfolgreich erprobt – eine spannende Anregung für jedes Unternehmen.

176 Seiten, gebunden, ISBN 3-280-05113-4

orell füssli